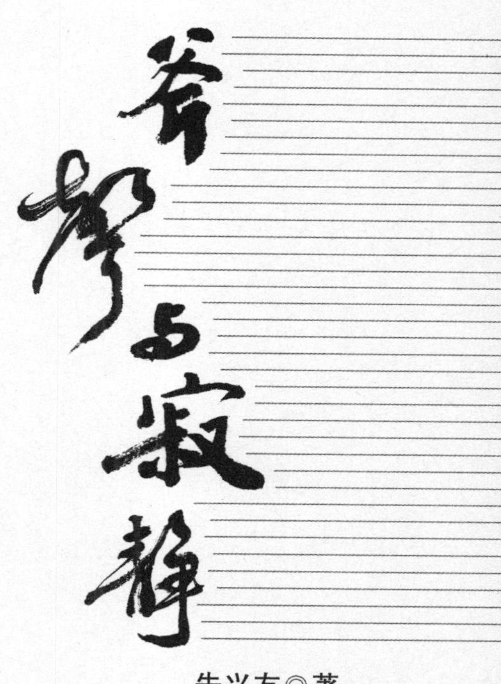

苍声与寂静

朱兴友◎著

云南出版集团
云南人民出版社

图书在版编目（CIP）数据

斧声与寂静 / 朱兴友著. -- 昆明 : 云南人民出版社, 2015.11
ISBN 978-7-222-13942-8

Ⅰ. ①斧… Ⅱ. ①朱… Ⅲ. ①散文集－中国－当代 Ⅳ. ①I267

中国版本图书馆CIP数据核字(2015)第268818号

出 品 人：刘大伟
责任编辑：朱海涛
马 滨
装帧设计：马 滨
责任校对：杨昆芹
责任印制：杨 立

书名 **斧声与寂静**
作者 朱兴友 著
出版 云南出版集团 云南人民出版社
发行 云南人民出版社
社址 昆明市环城西路609号
邮编 650034
网址 www.ynpph.com.cn
E-mail ynrms@sina.com
开本 889×1194 1/32
印张 7.75
字数 170千
版次 2015年11月第1版第1次印刷
印刷 昆明天泰彩印包装有限公司
书号 ISBN 978-7-222-13942-8
定价 36.00元

如有图书质量和相关问题请与我社联系
审校部电话：0871-64164626 印制科电话：0871-64191534

序

雷平阳

在天空下举起右手，申请发言，不管有没有江山虫羽和过路的人聆听，自己内心的思想、块垒、孤独，都想说出来。这不需要征得谁的同意，也不用考虑是否会有赞赏和反对。就是想说，就是想行使说话的自由和权利。

朱兴友的这本《斧声与寂静》，在故乡消亡的年代说故乡，在人心粗硬的时候回想肌肤之亲，还在人世无妄、无常、无道德底线的生活现场上说着生命的常识与尊严，别指望会有太多的人竖起耳朵来，当然也肯定不会有人视其为“教科书”。朱兴友，这个与文学若即若离的人，他知道语言的崇高只属于自己的内心，而语言的苍白性早已流行病一样遍布众生之间。

我与朱兴友一样，都曾经历过二十世纪八十年代的文学狂潮，尽管现在的人们在回望和总结那一时间段的文学成就时，大多数人都选择了夸大和神话，可我们作为亲历者，非常清楚当时文学在我们心中有着宗教般的地位，什么都不能取代。当时我们是不是也夸大了文学的人性与神性？当时我们是不是也如布罗茨基所言，自己把自己当成野兽，主动钻进了文学的铁笼子？答案目前和今后都不会有，因为我们一直生活在一张没有给出药名的处方签上。理想主义和神秘主义一直是悲观之神的双翼，它出没之处，颠倒众生却又带来了一条没有彼岸和归程的幽灵船。彼岸是隐形的，找不到的，我们总是在没有航向的海上聚会、狂欢、分别，各自生死不明地离去。但不管怎么说，文学的光辉始终不会熄灭于我们寄生的地下室和防空洞，任你世界如何幻灭，任你时代怎么热衷于广场舞和炒股游戏，我们可以沉默寡言地穿行在人群中，可我们不会停止自己对自己的拷问、对话和约束，而最好的方式就是文学，就是写，说出。

《斧声与寂静》幻想着文学可以改变点什么，这通常也是六十年代生人的一个通病。我们的文学启蒙者，除了中国的古典文学，就是鲁迅、苏俄文学、博尔赫斯、马尔克斯以及尼采之类，这些文学大神都有一座审判台，都有反抗的理想和精神。现在呢，现在的文学版图就是一堵涂鸦墙和一本酒吧里的留言簿，没有人会在意文字中间的自焚者，也不会有人像张籍那样把《杜工部全集》烧成灰，拌在饭里吃到肚皮中去，文学像扔在人行道上的变味冰淇淋，正在阳光照射下，不堪地融化。所以，朱兴友的这本书，适合送给老友和亲人，它的斧声是心里的伐木声，它的寂静是故乡牛角山上的寂静。假如真的是这样，朱兴友应该无悔，并感到欣慰。

《斧声与寂静》出版，老朋友们可以借机喝上几杯。

乙未夏天，昆明

目录

目录

目录

第一辑

山色有无中

脚下，你看见身边的地表被融化成了血，肆意流淌，似乎想揉碎稀疏的浅草和野花；远处，西南方向紫色的童山秃岭间的空茫全被雨水和薄雾填平，一起淋湿着，用很大的声音回应着天空。那时候，发丝里的汗渍被冲刷一空，雨水如千万条溪流划过身体，人或许安静着，但意识不安静。我那时，通常是背对熟悉的者海坝子和铜厂坡垭口，目光追随那条通向远方的国道，憧憬朦胧，心跳加速。

——《垭口的雨》

◎ 杨梅山的秋

你看见像旋风一样席卷树林的大雨不下了，你看见淋不湿衣服的毛毛雨要么十天半月不见，要么下个三四天没完没了，你没发现？老家的秋天又来了，那时候，你又可以去杨梅山发呆了。

老家的山，座座都长满了树，但野杨梅怪得很，别的山没有，全都扎堆到了杨梅山。秋天，吃杨梅的季节过了，漫山的采摘者已经散了，但杨梅仍然是去那里的第一个心事。你看见杨梅树在山顶稀稀拉拉的松树之间安置自己，矮的长成半圆形如蜗牛伏于地，高的也不及人，只是叶子稍大更绿些。杨梅树的外形与夏天没有大异，但是果实没有了，被摘光了或者自己脱落。你还想吃杨梅，就有意无意地去邂逅吧，偶尔，哪一颗杨梅还固执地躲在哪一棵树上，而且被找到了，它依旧饱含生机的红，它已经饱含浓香的甜，它最大限度地成熟，你放到嘴里打几个转，连核都舍不得吐就咽了下去，只需两颗三颗，你那一趟也就幸福地心满意足了。

我在杨梅丛之间穿梭的时候，往往还可以顺便捡到蘑菇，那也差不多是一年的最后一拨菌子了，圆润的青头菌，颜色类似刚下肚的杨梅的谷熟菌，数量同样稀少，往往是把帽子摘下来装着，捧着。有一年，我在一颗半圆形的杨梅丛之间发现了一朵颜色瑰丽、比鸡枞还稀奇的“黄萝伞”。太高兴，伸手就去抓，小小的枝叶突然大动，一条蛇仓皇而去，把我也吓得仓皇跌倒。蛇我从小怕极了，它显然是在与在那朵美丽的蘑菇相伴。我无意间赶走了它，自己捡到的几朵菌子也摔碎了，那朵黄萝伞我不敢拿手去碰也不甘心，旁边抱了个大石头，把它砸个稀烂。一条蛇，让我落得独一个杨梅山伤心的秋天。

通常，吃了杨梅捡了蘑菇，人也跑累了，坐下喘息的地方是不用找的。杨梅山的树不高大，主要是矮小的青松。老远看，棵棵青松即使冬天也绿得发黑，只有到了林里，到了松树身边，你才会发现它们已经洒落一地松针。松针黄了才落，落到地上悉数淡红，有的针尖朝天，你坐下去之前必须用手掌安抚一下，不然针会刺到屁股。

然而一旦在松树下坐实，你可能就不想动了，都怪太软，舒服。那时候风似乎吹不到脸上了，都全跑去纠结树梢了，弄出些怪叫，似近在耳畔又远在天边。人静了，目光便近处远处不安分。林子安详，各种杂木与松树比肩，平分秋色。水冬瓜比较霸气，把树枝伸得老长老高，但也招风啊，不少叶子都被撕裂了。火把果不争不抢，每一枝都藏在低处，叶子依然密密麻麻像沿着树枝搬家的蚂蚁。我倒喜欢远看漆树，那家伙有毒，沾了树上的汁液会生疮，人平时看见都要避开走，不晓得到了秋天，漆树叶子为什么会那么红，红得像林子里的大姐大，又抢眼又骄横，但没有谁敢跟它叫板。我当然也喜欢看白杆柳的，它树叶圆圆，挂在枝头像果子，又全黄了，半透明着。在秋天的杨梅山，红和黄出尽了风头，我那时只是呆呆看着，未识那就是人间三原色的三分之二。

从小就是个勤奋的人，我玩够了，就穿过秋天的杨梅山，顺便折断我能折断的干树枝，凑成我扛得动的一捆，带回家。小时候，我就是这样迷恋杨梅山的，而且只喜欢一个人去，不知道那就叫孤独，更不知道那还可以赞之为耐得孤独。

◎ 一棵酸楂树

差不多，我学会用眼睛看世界就见它“躺”在那里了。不论哪个季节，走出家门，左拐，穿过我家的自留地，就看得见它绿色的树梢在风中舞蹈。然后一溜烟，我连气都不用喘一口就可以跑到它身旁。

几大条树根裸露着，狠狠朝平地延伸，直到没入土里看不见，坐上去，夏天凉爽，冬天冰冷。你看树身，怕是十个我也合围不过来了，一百年？三百年？我问过村里的很多老人，谁也不知道这棵酸楂树是民国还是清朝栽下的。巨大的树身只有近看才分清有两种颜色，外围是青色的，长着无数粗细不等年代不一的新枝，树干中间却是黑色，因为枯了，用手去抠，可以一块一块拿下，染得手心也乌黑。青黑的树身与坐着的我几乎是垂直的，与下面的悬崖也是垂直的。崖边土少，风却大，什么时候，树身不得不躺平了，只有新枝垂直老干，向着天空长，长满细碎的绿叶，藏着无数看不见摸不着的鸟窝。

树干凭空伸出去老长，但远处是不敢随便爬过去的，因为总有一种把大树彻底坠下悬崖的担心。不过好奇心也不是彻底堵得住，有那么几次，我就沿着空洞的树芯往外爬，爬到老树干尽头，风像无数只手左右推你，不敢往下看，便拉着最粗的新枝一点点往上爬。爬到终于看见了，酸楂果也是绿色的，跟鸟蛋差不多大，咬一口又硬又苦，没用。又看远处，经常看得出神。最后想透过树叶去看村庄，竟然近在咫尺看不清，这才知道老树的枝叶有多么厚实，像把我与家园的联系隔断了，不知不觉就害怕起来。恰好这时一只乌鸦怪叫着，被我惊飞了，我看见它的窝，就在枝头更高处，我可以使劲摇树枝，它的家就没了，但我没摇。我见好就收，溜回主干，沿着空洞爬回去，全身上下被染的乌黑。

酸楂树是孤独的，走遍村里村外，甚至走进周围的山里，你都找不到另一棵。它老人家就那样卓尔不群地活在那里，不知从哪里来，也不知还要活多少年。它下面的悬崖很陡，崖底是深不见底的老林，村里人往悬崖下面倾倒一些特殊的垃圾，有女人坐月子攒下的鸡蛋壳，有老人葬礼后扫地出门的纸钱灰，等等，那些东东是阴性的、不祥的，大人没垃圾可倒从来不去，小孩玩耍也很少去酸楂树，因为怕鬼。那么我为什么常去呢？不是我胆子大，是我没地方可去。童年有些日子，没有了妈，我跟着爹过，爹有时出门了，我不得不去找酸楂树，似乎它也是我的爹。我因此，知道老酸楂的许多秘密，比如鸟窝的高度、位置；比如果实干了它也不掉，而是干瘪发霉都挂在枝头，成为空壳；比如在上面看不见自家村庄，却可以看到山下的牛栏江水很黄，最多过年前后有点清。

多少年来，酸楂树与我互相等候，每次从山外回去，不管走的哪条路，我到山头第一眼看见都是它。它匍匐悬崖边，老远看去才发现它是那么孤单又是那么绿，绿得发黑，黑影虽然没有一座山大，但足有三家人的房子加起来那么大。而且它不见老，似乎还在长，走到树下，裸露着的粗根居然快有两鬓发白的我高了，高的轻易坐不上去，我猜它土里的根须都快伸到我家地下了吧？不会老的酸楂树，我都不敢说它像我爹了，直接想跟它称兄道弟。

◎ 五个动词

五个动词，几乎使乌蒙山老家的人一年到头挥汗如雨。

年刚过完，冬天挖开的地里土块很大，得用锄头一个一个敲碎。敲完半个月就过去了，不管老天下不下雨，都得“排”洋芋了。土坑挖成队列，露出潮湿的深层。一个人走在前面，往坑里丢早就挑选好的洋芋种，大的一个，小的两个；后面跟个人同样动作，一捧牛圈里的农家肥又入坑。前面的人，回过头就可以回填泥土了。排完洋芋，土地依旧平整寂静，像什么也没发生。接着筹划“点”苞谷，关键是得等落下一两场雨，让土地更湿润，因为苞谷粒小，不像洋芋自己备了水。点苞谷和排洋芋动作差不多，不同的是，苞谷种至少每坑四五颗，要躬身点下去。

洋芋冒芽是很神秘的，因为你想不到它会冒出几个，每个有多粗，见到阳光又会生出多少茬。洋芋苗绿黑，仿佛单纯的白纸写上会变化的字，开始字小，逐步字大，大得快要看不见泥土了，该“薅”啦。薅洋芋其实就是用锄头除草，把土揽起来围在苗周围，让它有足够茁壮的养分。其实在这个时候，苞谷苗也早冒出来并细细地往上蹿了，它任务重啊，洋芋苗终身也就长到人膝盖高，而苞谷苗至少要长到比大人还高出一个脑袋才行。苞谷苗不很绿，淡绿里透些黄，老远看去，袅娜得担心它被风吹倒，赶快薅吧。轻轻地，清理掉杂草，拔掉细的、矮的苞谷苗，一窝最多留下两颗壮的，先在底部加一层农家肥，有时是厕所里的东东加水泼一瓢，这就是比洋芋更高的一个待遇了。这次薅，土不能多，掩住肥粪就行。

在老家，薅庄稼当然就是一年最隆重的好戏了，因为薅过的庄稼就是进入青春期的孩子。洋芋苗就像疯了，不要几天，就能把地面长满。走过路过，除了黑绿，你再也看不见红色或者褐色的地面，风中的洋芋苗特别养眼，你心里就像荡漾清澈甘咧的井水。苞谷苗更是，拔了“害”的，剩下的弟兄都要争气，又恰好遇上一场又一场雨，每一场它们都巴不得拔一次节。渐渐的，人走进苞谷地就被遮住了，每株苞谷都在腰间鼓个包，在顶上伸个花尖，做出打苞扬穗的姿势，那是在争起第二次被薅啊。也不复杂，就是用锄头将苗周围的泥土尽量簇拥起来，让苞谷享受比洋芋多一次的汗水。

接下来，长吧。洋芋苗到一定时候就只开花不长枝叶了，细细的花，宛若米粒，红白相间，谁也想不到那么孱弱的花会往土里藏那么沉的洋芋。倒是苞谷苗骄傲着，腰间显眼地背着一个甚至两个冒红丝的娃娃，头顶灰白色的花絮，有风吹就争先恐后吐花粉。什么时候，大约到了七八月吧，夏天秋天分不清的日子，洋芋不知不觉就苗黄了，继而欲枯。赶快“刨”，要不雨水多了洋芋会腐烂的。宽大的锄头，离苗远些，深挖下去，翻开土，双手去土里刨，一苗七八个，苗苗让你期待。你低着头开心，洋芋好不容易刨完了，直起腰，气还没喘够，苞谷地又渐渐黄了，真是不让人消停啊。好在“砍”苞谷的时候理直气壮，男人只需一手扶着苞谷秆，一手齐根砍就行了，撕开苞衣取苞谷的细活由女人接着完成。

在老家，洋芋和苞谷亲如兄弟或姐妹，在排点薅刨砍之后被家家户户安排住在楼上，职务是主食。

◎ 山樱如美人

少时，在滇东北的老家，我见过许多野花：杜鹃、棠梨、火把果、苦刺花、蒲公英……可是在那些熟悉的树林里，我从没见过开花的野樱桃，而是只看见人们把树干滑溜好看的樱桃树砍来当柴烧。我幼小的心灵里于是落下一个念头：什么时候我才能看到野樱桃开的花啊？

据说，只要不是过分的，童年的愿望一般都能实现。那年春天，我乘车在离昆明七百多公里、离云南耿马县城几公里的公路边，终于见到了野樱花。它们密密麻麻呈带状沿路排列，花色似梅，掠过车窗扑面而来，吸引了车上所有的人。停车，见树干一如记忆中滑溜，纤细少枝只管往上长，长到分枝开花处，非仰头不能视之，一看就是山上移栽的野樱花，而非城市园林里人工育苗、千修百剪造过型的改良品种。立在花树下，见樱花开入蓝天，以粉为主，亦红亦白，花瓣迎着阳光，迎着远方，好像与树下的俗世无关，即使落英在风中不断，亦如轻尘渐飘渐远，看得见，摸不着。我一时感动，是哪个洒脱不羁的领导如此胆识，下令从山林移植了这一林野樱花呢？就像集中了一大帮山里女娃，不训不斥，任她们你推我挤，各自伸着头往上蹿，蹿出天生丽质的身段，蹿出千娇百媚的笑靨……

说来也怪，从耿马回到市府临沧的当夜，我做了一个梦，梦见耿马路边的野樱花不见了，而我变成了会飞的花瓣去找寻。找啊找，越过坝子，越过高山，从滇西南飞到滇东北，横穿云南版图的对角线，飞回老家的树林，看见那里的每一株野樱花都在怒放……梦太美，次日一早不得不说，便有人告诉我：也许你老家樱花不开是因为气候太寒，要看，临沧城外的五老山里野樱花开得正好。

迫不及待地驱车而去，五老山间蛇形的公路两旁遍地樱色。这里的樱花，不再扎堆簇拥，而是东一株西一株，随随便便融入乔木灌木里，冷冷地站着，静静地开着，全是一副拒人千里的冷艳。离了车，找个高处放眼望，漫山都是如此，密林青黑，有野樱花开放的地方就泛亮色，仿佛幽深的潭水落入霞光。目光再回近处，不得了，也有棠梨、杜鹃，也都开着，但羞怯得多，似乎不愿与樱花比艳……那日，我不停地移步，仿佛幽会年少时错过的恋人，不说话，不拍照，更没扯开嗓子喊。汽车最后被向导带入一段崎岖的林间毛路，水声突然盖过马达声。循声而去，一股巨大的清泉越巨石而下，落成瀑布，雪白的水花所飞溅处，周围全是盛开的野樱花，让人怀疑自己已经置身仙境。

看过临沧的野樱花，有种自豪自心中来。都说东方某国樱花烂漫，我不嫉妒不羡慕更不感兴趣。因为我知道，樱花并非起源于它，早在两千年前，中国就开始种植樱花了，所以白居易有诗“樱花烂漫几多时”，李煜也叹“樱花尽落阶前月”。无疑，中国樱花多的是，最美就是野樱花。只可惜者，在人类求温饱的过程中，森林曾饱受摧残，无数野花香消玉殒，才落得，今日的人们拼命在城里花钱种花来赏。正所谓“昨日雪如花，今日花如雪。山樱如美人，红颜易消歇”，现代多面才子邓尔雅的这首诗尽达我意。

◎ 琼花及三角梅

琼花与三角梅都是花，而且都是很美的花，而且本来都是我很早就喜欢的花。公平地讲，琼花有些娇气，只在少数适合的地方生长，如自小被宠养的邻家妹，花开时洁白如玉，暗香充盈；三角梅呢？她更像花中女汉子，不拘气候冷暖、土地肥瘦，惟独不讲规矩，乱长乱开，小小一株也自开花，高过屋顶更能波澜壮阔地怒放。

说起来，我与琼花是神交。很小的时候，在一本书上读到一个故事，说隋炀帝做了一个梦，梦见一种白如霜雪的花，奇美无比，偏偏他不认识。醒来后，他便叫人按他的描绘画成图形，在全国张榜寻花。花还真让他找到了，有人上书，说扬州有，即琼花。后来的故事便有些伤心了，隋炀帝为了看琼花，不惜劳民伤财，下令开运河造龙舟。一说，待昏君兴师动众下扬州，满树琼花悉数败落，让他扑了个空，遗恨终生；一说，昏君亲妹怒兄无道，在其兄到扬州看琼花之时，化作琼树棒打昏君，惹得昏君盛怒，下令砍树，可怜的琼花直到昏君死后才得以重新生长开花。读此故事时我犹少年，因故事凄美，便念念不忘琼花，不知不觉读了许多关于琼花的诗句。诗中的琼花，一是独特稀有："维扬一枝花，四海无同类"，"东方万木竞纷华，天下无双独此花"；二是高洁如冰："春冰薄薄压枝柯，分与清香是月娥"，

“谁移琪树下仙乡，二月轻冰八月霜”……凡此等等，令我神魂颠倒，如慕名媛。是年，人已中年，我终于在“烟花三月”走进瘦西湖，驻足琼花树下许久。也直到此时我才知道，琼花早已被任命为扬州市花，尊享着江南名城众芳头牌，应该啊！

不由想起云南某市的市花三角梅。大概七八年前吧，我到该市工作过一段时间。需要说明的是，此地相对偏僻，我之前未及涉足。未及多久，我发现该市街头巷尾、机场路边、城郊的高速公路中间隔离带乃至县与县的公路上，到处是高矮长短不一的三角梅。经了解，三角梅在当地本来很少，缘起于某位喜欢它的领导当了最高领导，所以成了钦定市花，虽处贫困地区，每年却不惜重金远购花苗来栽种。我嘴上不说，心里顿生疑问，此举妥么？其一，当地缺水，花苗成活困难，维护费劲，所种之处稀稀拉拉，每年得不断投入，补种；其二，三角梅属攀援状灌木，给它点依靠它会借势长得很大很茂盛，凭空栽在路边、街边，张牙舞爪，不美；其三，有些地方栽下三角梅尤其别扭，如高速路中间隔离带影响安全，如县际公路边一路栽去，投资巨大不说，很多地方路旁乔木林立，满目青翠，根本无须人工种植的花再去画蛇添足。

显然，三角梅在市区适当栽重无可厚非，为某个人的喜好而定位市花遍植滥种这不符合市情，与杨广为看琼花劳民伤财同样可恶。我这样想着，也无处去说，随后我就离开了。两年后再回该市出差，首先便见到机场路沿河的一边全移栽了两三层楼高的大松树，可怜的三角梅显然失宠了，东一棵西一棵有气无力。哦，原来是当地新换的最高领导的杰作。目光一上一下，凝视有些枯黄的大松树和沦落的三角梅之际，我突然觉得悲哀：这三角梅多像被强迫的卖春女，这松树多像被逼无奈的“鸭子”啊！

◎ 又见飞鸟

那日见鸟，是在闹市中新辟的某片绿地。鸟儿跳上跳下，旁若无人，好像城市也是它的家。我的眼睛和脚步都呆了，我发现鸟儿很轻灵，只是在高楼之间显得太渺小，小得可怜，小得可爱，小得纯洁，小得让人担心……

儿时在山间，伙伴们砍柴、放牛时都不忘在脖子上挂一把弹弓，我们把它叫作“皮枪”。弹弓架是木的，山里灌木丛里分叉的枝，长到主干食指粗时砍回家剥皮定型便是；橡皮筋则要从山外“进口”，有时山里娃哭着喊着要跟大人去赶街，为的就是蹭两毛钱买一对筋。

弹弓好像是专门为对付鸟而发明的。挂在脖子上的弹弓，好像都用来打鸟。子弹即石块，俯拾即是，一颗石头对准一只鸟，羽毛飞散，鸟应声而落，或开膛破肚，或目眦头裂，或断了腿脚，无助地在草间挣扎。这种情景我见多了，但很少亲手尝试，因为父亲不准我打鸟。父亲说鸟儿那么小，好不容易长对翅膀在天上飞，你打它就是作孽。于是我不打鸟。我在脖子上挂把弹弓，一半是为了向伙伴们看齐，不落伍的意思，一半是想有朝一日打到一只山鸡或一只兔子，以显得高人一筹。说起来，兔子、山鸡经常见，可一忽闪就没影了，看都没看清，更不用说打中了。也幸好没打中，否则兔子有大耳朵，山鸡有漂亮的羽毛，都一样的好看，虽然父亲没明说不准打，但打死它们不同样是作孽？

有一天，家门口的桃树上飞来一只鸟，羽毛通红，叫声悦耳，恰巧被我看见了，而且看了好一会它还不飞。我那一瞬间有一种想把它弄下来关在笼子里养的冲动，于是我举起了弹弓。第一弹，鸟尾飘散，鸟儿受了惊吓，大概是在想灾难来自哪里，忘记了飞，只跳到另外一个枝头，依旧喳喳叫。我不假思索又一弹，石块再次击中，鸟儿落地，连挣扎都没有。它还会活过来吗？我捧着鸟儿，有些后悔。更巧的是父亲刚好路过，大巴掌没商量就抡到我脸上。我打死了一只鸟，父亲狠扇了我一巴掌，这两件事在我一生都独一无二。

我愧对鸟，父亲是正确的，从那时起鸟就是我心中的精灵，我发誓即使不爱鸟，也绝不去伤害鸟。不知从何时起，我远离故乡，远离有鸟群的树林，在红尘中东奔西走，做些跟现实很近但离心灵很远的事，一眨眼就十年二十年直至三十年。又不知从何时起，我内心开始紧迫，觉得人生太快太空，有空就想带上儿子到城外去找树林寻鸟音。时髦的说法，这是回归自然，只有我知道这是怀旧。人一怀旧，便进入后半生了，这是哪位哲人说的？我现在成了比父亲还严厉的父亲，我不想让儿子玩弹弓，在好不容易见到鸟的时候，我不准他打鸟，甚至连吓鸟赶鸟都不准。

不然我怎么会对着那天的不速之客发呆呢？我好像对它说了几句话：鸟儿，你很乖很好看，你善解人意，否则你也不会飞到我面前，而且停留那么久，听我说这么多的话，让我忍不住说你傻。可是鸟儿，应该在哪片天空飞，不应该在哪块空地玩，你的轨迹你要自己定，不能糊涂，以免不快乐或碰到危险；至于我，我会永久遥望，遥望天空 ，心里记着，在闹市中，我们相遇时的点滴。

◎ 莲花峰极顶

上大学时，我留下照片没有几张，原因是那时照相是件奢侈事。所以今天，偶有几张青春年少时的照片，我视若珍宝。其中一张，为我大一时初次游云南石林所留，抖手抖脚地立在莲花峰上，姿势不好，人也瘦的像个猴子，嘴巴笑得都变了形。

那时作为穷学生，好不容易得游趟门票很贵的石林，兴奋的上蹿下跳，巴不得每块石头都去摸摸。半天下来，阿诗玛、望峰亭、剑锋池都摸遍了，我们也累惨了，摸到传说中石林最高最美的莲花峰下面时，抬腿就上的已经没有几个。我和另外一个固执的男生，闷着头就往上闯。后来才知道，我俩走的是两条路中又远又险的那条。路，真不好说那也是路，弯弯拐拐不说，仅有的一点路面，只容一人扶着石壁往上攀。没走多久，脚底便发热发烫，豆粒大的汗珠，不停地往喘兮兮的嘴里钻。我稍不小心，被虎视眈眈的石角“爱抚”了一下，顿时额头冒火，一摸，出血了。蹲在原地，想让自己缓过神来。

不料我那一踌躇，后边的人便堵了一路。只好咬牙举步，只是不再昂首挺胸，而是猫着腰走一步看一步，有时全身趴下，有时竟跪着。人太多了，一个挨一个走，鱼贯而上，宛若河畔纤夫，连喘息也如有号令般整齐。都到了力气耗尽要窒息的时候，事故突然出现了，上面突然下来一伙人，令我们的“船”阁了浅……僵持了一会，还是下来的人姿态高，往回退到一块稍平的巨石上，侧身附在岩壁上相让。我喘息之间，才发现额头发丝里的血倒是干了，手却不知啥时又被石头划破。凝视着那些被人类手足磨得铿亮的石头，我心里感叹：怪不得有人说旅游就是花钱买罪受啊！

牢骚只在途中，一到峰顶，自豪油然而生。但见险峻的岩石早已被密集的人掩住，即使怪石露出一角狰狞，似乎也被爽朗的笑声所淹没。我在人群中双手叉腰，仿佛将军鸟瞰自己刚征服的土地。得意间，很快被排队留影的人们吸引住了：光彩的少女，不服老的长者，还有张大嘴巴的老外……这些人，为攀登石林的极顶，一样费劲，一样劳累，可一登上“莲花”，年龄的差异和沿途的疲惫似乎都没有了，洋溢在脸上的，就只剩孩童般的专注与喜悦。此情此景，令我久久沉思：莲花峰是美的，石林是美的，石头的美被人发现，又吸引别的人源源不断而来，千百年来，人类走的正是这样一条不畏艰辛发现美和欣赏美的路，这条路上没有贵贱，不分国籍……

“喂，朋友们，要知道这朵莲花是不是真的，咱们一万年以后再一起来看。”一个北方口音的小伙子一句话逗笑了所有人。笑声中，轮到我照相了，便留下了这张照片——希望一万年以后莲花变真时，我能变成鲜艳莲瓣上的一滴露珠。

◎ 马蹄河

见过大江，到过名湖。最忘不掉的，竟是云南深山的一条小河——马蹄河。它为什么叫马蹄河我不知道，我只是下乡，偶然路过马蹄河。

初见马蹄河时，一行人还在山上。只见山下弯弯曲曲的峡谷，不见头尾，也不见水。林子很深，除了我们别无行人。都因中午吃饭时被热情的老乡灌了酒，脚下飘忽着，怎么走也快不起来，便觉得自己快成穿越的隐士在徘徊了，仿佛还听见了古筝的声音。

当然，到了河边就不一样了。

水并不大，深处见底，浅处露石。水面上飘着红的叶，或黄的松针，两岸的灌木丛光着身或者有树叶都理直气壮。水太清，清得让人不知所措，连俯身触摸一下都不忍心。可是，带路的小赵却冒了句莫名其妙的话："马蹄河的水，九日清九日浑。"我们都不明白，小赵说等会你们就会明白。"难道河水也跟人一样喜怒无常么？"我心里想，却不好多问，午饭的苞谷酒仍在作用，一切仿佛梦中。

雨不知怎么就下起来了。本来不大的，可有女的，有女的就必然有伞，有伞就必然要打。有人忙着打伞就摔了一跤，下河洗手，又摔了一跤，大家都笑了起来。山歌就在这时，似乎要趁着我们不注意，唱起来了，先是男声，声音很大，飘飘扬扬好像来自头顶：

唉嗨——

九个河湾绕九村，
九天下雨九天阴。
九天不见妹小样，
清清河水也变浑。

一下子大家都不说话了，都把头扬起来，嘴巴张得大大的。只有小赵，蹲在水边，得意地笑。歌声继续：

九天下雨九天阴，
九天过掉九天晴。
只要哥哥久久在，
清清河水小妹心。

好清脆，女声。这歌声不亚于电影上的“刘三姐”，让我们喉咙痒手脚痒，想跑，想跳。想唱。有人还真唱了一句“妹妹你大胆地往前走”，不好听。

大家于是噤声，做出继续听的架势，可歌声再也不出现了，大家不免就沉默起来。山歌击打我心，把思绪搅得涟漪般一层又一层，最后蔓延到城里，城里听不到山歌啊，远方的朋友坐在办公室干什么啊，我在城里写过很多诗，就没记得那句有“清清河水小妹心”好……胡想一会，才又想别人在想什么呢？望望别人，别人也望望我，我们自称是文人，脸上却都挂着豪放不起来的尴尬。倒是小赵轻松，说能听到山里的恋人对唱，我们半天的山路没白走了。我们乘机怂恿他来一首，小赵笑笑，憨憨的样子，说他正在学，还唱不好，不像装样。

雨早停了，但听了歌，醉意似乎更浓了。我取下眼镜，想抹抹雨水，霎时混混沌沌的。我是谁？谁是我？在马蹄河边就是不知道。

马蹄河，清清的水，轻轻地流着。

◎ 丽江一瞥

这些年丽江名声很大，大得像一个炙手可热的女神，有人说山是她的身体，水是她的灵魂，古城是她的衣裳。

丽江的山，玉龙雪山为首。看玉龙不宜太远，太远够朦胧但不够绰约，无法保持仰视的姿态。看玉龙，山下的甘海子为最佳位置，山的棱角，雪的高度，树的黛青，天与地的切割，一切皆如清风抚摸白云、草地接纳野花般恰如其分。你若还嫌不足，最多上到云杉坪，或者牦牛坪。云杉坪广阔，走到哪个角落都能直视玉龙的威严，传说是厌世的纳西儿女相约殉情之地，他们是不是觉得有如纠缠万千烦恼，不如求得神女开怀一抱？牦牛坪离山峰就更近了，直接能被冰川刺眼。特别反感再靠近，比如坐着缆车上山，号称到达海拔多少米，费钱，费能源，费神，失敬，伤美人玉体。

水从山顶来，冰川冷艳，落差执著，白沙河清白，黑沙河清黑。水是丽江的灵魂，流到哪里哪里睁着眼睛。水流过山脚，山脚升紫气；水流过平地，润物细无声；水集合为潭，你才明白水至清则为黑，黑龙潭把高大玉龙和蓝天白云映在水面，把悠悠往事和冰清玉洁沉入水底；水流到人群里，不得不看见人间的拥挤和嘈杂，看见人头攒动，不同的容颜藏着不同的来历，不同的来历藏着不同的故事，不同的故事注定不同的表情，不同的表情被同样的“眼睛”见证着，无论你是千娇百媚还是形容枯槁，只是悄悄看。

有山有水，有躯体有灵魂，其实丽江就已经是丽江了，当然神女也是离不得衣裳的，丽江的衣裳就是古城。古城的白天，不论热闹还是冷清都少不得端庄素雅，好比一身浅色衣裳，好比白色的连衣裙或鹅蛋青的衬衫，好比情侣身上米色的纯棉长裤或者学生身上的白底灰条外套。而每当夜黑如期而至，头顶虚无，脚下无形，遥远的滇西北，温柔乡丽江，东方的水上威尼斯，无数来自天南海北的人，无疑让色彩、款式的变数无限了，酒吧的音乐，客栈的霓虹灯，漫步者的细语，情人间不规矩的手，艳遇的蠢蠢欲动，迷醉与迷乱的可能，总之古城是一件颜色不定的晚礼服，或一袭不停摇曳的旗袍，让丽江神秘了、妖媚了、暧昧了。因为古城，丽江时而阳春白雪，时而下里巴人，时而仪态大方，时而闷骚甚至放荡。

这就是丽江吗？有人说丽江山好水好人气旺，有聚光灯追捧，也有绯闻缠身，这才是个明星样；有人说好山好水遭破坏，古城也被“搞烂了”，丽江的胭脂香水味太俗。比喻也好，赞叹也好，忧心也好，说话的都不是丽江。真正的丽江是不会说话的，就像玉龙，月黑风高的时候不知它的冰川是在增大还是缩小；就像黑白水，晨曦微微的时候不知它们是在蒸发水气还是在吸收露珠；就像古城，夜深人静的时候没有了歌舞升平，只有几个青石板上忙碌的身影，他们也不说话，甚至不思想，扫帚太长，垃圾太多，几个男人，不是女神，他们必须赶紧，保证天亮以前干完活。

◎ 花醉鱼

云南香格里拉有湖曰碧塔海，藏语“碧塔”翻译成汉语就是“地毯”。不错的，碧塔海周围均匀密布的针叶林就是老天织就的绿毯，沿湖岸边的草地更是绿毯，弄得不大的水面也自一色，凑成一整块地毯。

二十世纪九十年代中期，我游完碧塔海回省城很兴奋，跟一帮同事说一辈子没见过那么美的湖。有个同事冷冷的，似乎在嘲笑我班门弄斧，他自称老家就在碧塔海不远处。他问我，你可曾听说过杜鹃花醉鱼？我去的时候是秋天，早已不是开花的季节，也没听谁提起什么醉鱼，甘拜下风。他告诉我，碧塔海边很多杜鹃花，花开过就落入湖水，有鱼好奇，抢食花瓣，或喝多了泡着花瓣的水，就晕乎乎醉了，漂浮水面，伸手可取。

第二年五月，算着花开了，我俩果真约着去了碧塔海。那时去一趟是很不容易的，半夜起床，从县城坐车骑马走路，很苦很累，到达已经中午了。湖边的杜鹃花倒果真是盛开期，高高矮矮，有的躲在大树下开，有的伸到蜜蜂嘴里开，有的张着臂膀把花朵送到湖水上面炫耀，闹得安静的“地毯”生了声色。我们没忘了目的，找一处树密花多水阔的湖畔就坐下了，也不讲话，怕惊鱼。

雨季未到，水还是那样的平静。近了，发现碧塔海的水并不是很清澈。四处看看，想想，明白了，树那么紧密茁壮，要呼吸，也要分泌，落叶松针铺满地表，多少年不知多少层，下面腐烂了，湖中的水，正是“肥水”，肥则无至清啊。想通了水，就更加想念水中鱼的模样，傻呆呆，一坐许久，只见花还是花，水还是水，没有动静，没见到鱼。问同事，他竟也茫然了，说他也是听老人讲的，其实自己也没见过。我觉得他耍了我，正想揍他，他狡黠一笑，溜到一旁，干脆把自己躺平了。

幸而我也是有备之人，去游湖，还带了本梭罗的《瓦尔登湖》，平时在家装模作样读不下去，那天从头一口气看了几十页，读到书中那个“我”花二十八块多钱在湖边盖了房子安了家，还把账单晒出来。不经意，晃动的湖水通过阳光提醒了眼睛，我伸头去看，落花在动，鱼没看见但显然来了。激动得我连眼睛都不敢眨，心里就等着它醉晕，把自己送到水面交给我了。不记得等待的那时刻是怎么过来的，直到水面安静如初，连波纹都不见，鱼还是没见到。我急了，伸手抓起同事早就准备的长竹竿去拨弄花瓣，竹竿那头须臾沉甸甸的被什么阻挡了一下，未及我反应，一道一尺多长的银光抖散漂浮的花瓣一跃而起，瞬间落入湖水更深处。当时，我不知用什么声音大叫了一下，算是招呼同事。我俩坐在湖边又等了许久，那条醉鱼，应该算是微醺的鱼吧？它再也没出现。

那次回来的路上，我说我为藏语“碧塔海”找到了另外一个好听的意译：柔软的海。出身碧塔海的同事听了说，不错，有收获，你是见过杜鹃花醉鱼的人，是个有福气的人。为了那次睡觉，这个同事后悔了很多年。因为他知道，错过那天，他是彻底错过一辈子了，尤其这些年，碧塔海游人如织，早已不再柔软了，醉鱼不会再有，连说起来都不会有人相信了。

◎ 怒江的怒江

在怒江边，驱车到了滇藏交界处就得掉头东行。

假设春天，风还犀利着，山顶的积雪还亮，半山以下的树都在开始萌芽了但你看不见，旱季的江水在你无法到达的低处忧郁地蓝着，一切都很干净，甚至神秘，惟独你这些闯入者，汽车冒着尾气，油门发出噪音，与所有的风景若即若离，你是不是突然觉得有些落寞呢？这种感觉，是在丙中洛散步的时候清晰起来的。在丙中洛你可以尽情享受怒江边难得的阳光，贪婪地注视怒江拐了一个大弯又拐了一个大弯。你累了，客栈不贵，你饿了，可以就着晶莹剔透的琵琶肉喝口小酒。除此而外你还能干什么呢？来来往往着一些当地人，他们步履匆匆似乎连看你一眼的时间都没有。你想跟他们攀谈吗？你看那些一色高大健壮帅气的小伙子，个个都像神专门挑选出来的使者，女人太接近难保被勾魂，男人太接近会丧失最后的自信。

除了丙中洛，你还到过怒江两岸的什么村庄？怒江的村庄，大都在两岸高处的云端，与那个看得见够不着的石月亮同一条水平线，什么爬格勒、吉木斗，什么百莱旺、阿其打底，什么咖梅左洛、阿里王地，连村庄的名字都形同天书，你更无法走到村里，看到村里的人在过什么样的日子。你说你过年还去过“澡塘会”？神泉氤氲，热气腾腾，傈僳女儿成年的赤裸全身，未婚的裹块遮羞布，已婚的全裸，赤条条，笑嘻嘻，挤在江边温泉里，你爱看就看，她们不避你也不理你，你好意思看多久多仔细？你能记住哪一块被太阳晒伤又被大地乳汁蒸红的脸？

原来怒江是怒江的，你生来最多是怒江的过客，不管你看够没看够，玩够没玩够，你都要走，怒江不会因为你的去留而改变它的正在进行时，除非你有本事留下来。据说，还真有人留下不走了，一个江浙女孩，跟着父母游丙中洛。住进藏民的客栈那一瞬，她的眼睛就定格在房东小伙身上，再被他带着游览三两天，她的魂也没了，冒冒失失反过来跟他求婚。他笑，说她冲动不成熟，断然拒绝。女孩闷闷不乐，随父母离开，一路不说一句话。在昆明机场，安检前一瞬，女孩疯了，回头又踏上怒江的旅途……这事发生，超过十年了吧？千真万确，男孩心门打开，女孩留下了。不过且慢，人家女孩说，那里有她见过的最美丽的风景和最干净的人，她要留下做媳妇生娃娃，你留下能做什么？你能爬坡上坎吗？你能抓稳溜索飞过江吗？你能学着猴子，口渴了跳跃下山喝一饱，喝足了又跳跃上山藏于寂寞吗？

怎么去的，还是怎么回吧，路只有那一条，风景还是去时的风景。路弯太多，车必须开慢些，没人催促你。从丙中洛出发，到山坡上的贡山县城吃午饭，再赶到狭窄的福贡县城住一晚。第二天，你走到六库又该吃午饭了。六库，怒江的首府，云南的“微型重庆”，除了多些很贵的房子，它的狭小同样，它的别样同样。幸好，出了六库路就宽些了，开车的坐车的心都不高悬了。不一会，你走到一个久违的宽阔地带，那是保山的芒宽，再往前是更平更宽的潞江坝。

终于回来了，你舒了口气，才发现怒江慢慢远了，自己却好像高兴不起来，那是不是因为，你刚刚告别的是世外，而又将面对的是人间？

◎ 云南的“眼睛”

按照汪曾祺先生的说法，称“湖水是某地的眼睛”是个很俗但却再也贴切不过的比喻。套用这个比喻，我想说，多山的云南是雄性的，只有在面对那些大大小小的“眼睛”的时候，我们才能感受高原的柔软和温情。

云南的湖，从名字开始就充满趣味。自古以来，高山大川带来的是闭塞，所以没有见过海或者很难见到海的云南人喜欢以“海”称湖，大理苍山脚下二百多平方公里的湖叫洱海，昆明远郊几十平方公里的湖叫阳宗海，香格里拉雪山下几平方公里的湖也叫海。就此，你以为云南人夜郎自大吗？不是的，云南水域面积最大的、昆明大观楼长联里“浩浩荡荡奔来眼底”的春城母亲湖，竟然又被谨慎地命名为滇池。大湖为“池”而小湖为“海”，你说是骄傲还是谦虚，或者换个词叫幽默?

云南的湖不少，但千年万年来不断变化，有的消失了，留下的也分化了。按官方的说法，云南现存的湖泊中，滇池、洱海、抚仙湖、程海、泸沽湖、杞麓湖、异龙湖、星云湖、阳宗海是云南最重要的“九大高原湖泊”。

“九只眼睛”的文化底蕴不一样。深的如洱海，那是一座苍山作后盾、一个南诏国生死相依、无数文人墨客附着情愫的所在，直到今天，风花雪月里的大理，洱海仍是核心。文化底蕴浅的怕要数程海吧？自古偏远，也无更多人脉风情，据说种植一种什么保健品原料在水里，这只眼睛似乎更远离大众了；阳宗海也不怎么的，过去有多灿烂的文化没听说，今天无非是离昆明近，盖了些一般人买不起的别墅，成了一般人不去的度假区。

“九只眼睛”的水质不一样。水质好的，当数泸沽湖。那里遥远，位居滇川交界。水好，只漂荡过猪槽船，再加上摩梭人神秘的母系形态，两个省都在宣传她的美，多彩的云南说泸沽湖神秘，人多的四川说泸沽湖就是他们的世外。九个湖泊，说水质不好的怕就是绝大多数了，滇池臭了，治理几十年，据说砸了无数亿，还是臭，臭名远扬，让昆明人抬不起头；我从前最爱吃石屏豆腐，但几年前去石屏一次，回来就再也不吃了，因为异龙湖水臭，臭得我待不住掩鼻离开，石屏豆腐也就懒得碰了。

对于云南众湖泊来说，最矛盾的现实就是有无游客了。滇池位居省城，文化底蕴绝不亚于洱海，但因为水脏，人们宁可舍近求远。反而观之，滇池水臭无游客，有利于自我保护，洱海水还可以，游人如织，将来会不会重蹈滇池覆辙？

有一个最惹人爱的湖，我上面一直没提到。抚仙湖，它躲在离昆明六十公里的澄江县，因为没有深厚文化底蕴，也没有特别的自然风光，是外来游客很少涉足的地方，甚至云南大多数人也不以其为旅游目的地，因此它被昆明、玉溪两地的人称为“自家的湖”。自家的湖其实不简单，它是中国水深位居第二的大湖，它的储水量我算过，竟远远超过上述其他八湖的总和，而且水质只是不如泸沽湖。这个湖，有没有文化、有没有游客不要紧，要是连它都被弄臭了，高原的眼睛恐怕就是全瞎了，云南可能就成了有山无水、有阳刚无柔情之地。

◎ 挑断路

土是砂土，土里面的石头也是砂石。土和石头都是淡紫色，组成一段几百米的紫色路面，最宽处六七米，最窄处也就三四米。路两旁没有树，连草都没有，路人伸头，只看得见两边依然淡紫色的断崖，风声鹤唳，连鸟飞过也要加速。

名字跟颜色一样诡异，这就是故乡出山必经的“挑断路”。

在挑断路的几个传说中，最靠谱的就是“断挑”。故事是父亲讲的，与老家的名字有关。老家十几个村子至今统称“油房”，说明曾经“油”很多，多得天神都眼红了，就派个大力士来偷。谁知道，他的油桶太大，几乎把油房的油装完了，走到老黑箐与大黑山之间的时候，扁担被压断了，两桶油各往一边，压垮了两边的山，也把做贼心虚大力士吓得尿了裤子，紫色的神尿湿透了脚下……传说总是这样，灌注普通人的理想。油房土地贫瘠，生活很困难，这是我从小领教的，我相信香喷喷的油不是被偷走了，而是本来就稀缺，且不论。

就当让每一个路人都要心惊胆战的挑断路是那样诞生的吧。接下来先说说上面提到的老黑箐和大黑山。从老家出发，快走几十分钟就到老黑箐。记忆中的老黑箐，一条没有水的峡谷，两边山上长满又粗又高的松树，和很多不知名的杂木，峡谷因此天亮的晚而黑的早。走出老黑箐，穿过挑断路，便进入老黑山的腰间了。老黑山老远看去是个山顶秃山下绿的怪物，惟一一条路从半山穿过。也是记忆中，路上下长满植物，盛夏时节野花密布，秋天我还去林子里采过野果，尤其大胆时抓着藤蔓慢慢滑下去，看得见野鸡野兔，吃得到甘甜的野李子野葡萄，听得到泉水隐秘的声音……那时候，我小小年纪偏爱幻想，觉得老黑箐、大黑山就是那两只偷油的桶和扁担所变，只不过老黑箐是桶口朝上，大黑山是桶底朝天，挑断路是被扔在中间的断扁担，风吹日晒变了形，没人管。

每条路都有自己的故事，就像每个人都有自己的历程。我记得，老黑箐以前是老家人卖牲口的地方。老家缺水，物产单调，家里最值钱的就是牲口，其实也就是牛羊猪。牛羊猪可不简单，少则一两年，多则三五年，没有相应的时间是养不大的。等养大了，人畜之间就有了感情。要卖，就拉到老黑箐，收了钱，人回头就走，牲口被拖着，经过挑断路，走进大黑山，再也与我无关联……我还记得，四十年前，政府还在挑断路枪毙过一个家乡的人。我那时很小，只听说他很凶恶，强奸过村里好多妇女，最后还亲手杀死自己的老婆孩子。枪毙他那天，我想去看看，妈不让。后来听说，杀人犯死了，连他亲爹都不肯收尸，最终是他半瞎的丈母娘请人把他拖回去埋了。一个令人恐怖的悲剧在结尾处兀然生出温馨，那时幼小的我心想，这样的话，杀人犯下辈子或许就不好意思作恶了吧?

记忆中的挑断路大概就是这个样子。后来呢？自然是树越砍越少，老黑箐露出了两边的山体，大黑山路上路下都像剥了皮的羊，都不黑了，而且都是淡紫色的。反而是中间的挑断路没变，既不长点什么，也不塌垮陷落——大概它如牲口，与人也有感情了吧？知道它若垮掉，油房人便无路可走了。

◎ 蒙姑

蒙姑是云南的一个镇，它隶属巧家县，位于滇东北长江上游金沙江边，会泽县和巧家县的交界处。大学毕业前的最后一个寒假，我怀里揣着几块钱就坐上了从会泽去蒙古的班车，行程三十来公里，汽车走了整整三个小时，海拔下降了一千多米。

那时候的蒙姑，完全可以用闭塞来形容。也许正因为如此，我见到了我想见的东西和风景。我下车就在街头卖到几个黄果，如饥似渴地吃着，那甜里透酸的爽朗，让我忘不掉却再也没在别的地方尝到过。摆满街头的当地土产中，红糖在其中特别耀眼。那糖赤色，圆形，一边大一边小，有些透亮。挑最好看的问问，也才几毛钱一斤。事实上，我那次去蒙姑，缘起就是早几年父亲的一句话："你妈生你的时候，我特意托人带了几斤蒙姑的红糖给她吃。"我看到红糖，就赶快买了几斤放在背包里，接着到江边去看出糖的甘蔗。那时候，沿江的沙地上全是蔗林。我摸到其中，偷偷折了一根就开始啃。甘蔗很硬，但确实很甜。我好不容易啃完一根，牙龈都出血了，便装作什么也没干过，大摇大摆地走出蔗林，走向江边。

金沙江，横贯我国版图西东的长江的上游，旱季的它水浅，平缓，可还是轰隆作响。我看见江面分出了三种颜色：眼前清澈，中间浑黄，靠对岸那边水色介乎两者之间。打开随身携带的中国地图，我吃了一惊，原来我所在的地方，上游几公里就是个三江口，眼前的清水来自发源会泽县城的以礼河；中间的水来自著名的东川泥石流的始作俑者小江，所以才会浑浊得那么飞扬跋扈；而对岸不清不浑的水就是从唐古拉山一路奔来的金沙江了，不知绕过了多少座山、打磨过多少鹅卵石。

在蒙姑，抬头是光秃秃的群山，低头就是滚滚东去的江水，说眼前的风景，就这点。可要说起一段往事，你还就真的不能小看它啦。想当年，中国“铜都”会泽是大清的货币命根，每年要往京城及江浙送铜七八百万公斤，运量之大，加之陆路运输“山重水复，令人同嗟”，逼得乾隆爷下令投重金，沿着今天汽车路经过的悬崖峭壁，从会泽开凿驿道至蒙姑，又从蒙姑疏通航道至宜宾，所谓“金川千古不通舟，水急滩高一望愁。今日天人开一线，联樯衔尾往来游”，小小的蒙姑，就那样成为万里京运的陆、水转运站，其地位之重要、往来客商之云集，盛况自可想象，也值得沉思流连一两日。

可惜，峡谷太热，我又没钱，否则那次，我可能会沿着蒙姑上下，厮混些时日再回家。更可叹，从那以后我再也没去过蒙姑。二十世纪九十年代末期，听说国家在离蒙姑不远的地方修筑了金沙江大桥，连通了四川，我动了故地重游的念头。可一打听便不敢去了，因为听说蒙姑是变热闹了，小小的镇子挤满了用身体淘金的对岸妹……再后来，又听说国家投巨资修通了巧家到东川的二级路，想来蒙姑就更热闹了吧？我更是不想去了。我不知道在历史的长河中，像蒙姑这样的地方是保持闭塞好，还是被外界同化好。我就担心，我一旦到了蒙姑，假如买到的黄果全变了种、买几斤红糖都发现是从省城拉去而不是当地产的，那就会很难受。

◎ 垭口的雨

铜厂坡垭口位于山顶，一系列山头中较矮的一个，相当于金字塔底层边缘那块三角形的砖，下了坡就是坝子了。夏天，在铜厂坡不遇上几场大雨才是怪事。

你是从山上下来吧？到了坡头，坝子就在眼前，让你忍不住一屁股坐在垭口的凉风中，稍微享受到达的喜悦；你或许是上山，穿过坝子就用了很久，又爬上铜厂坡，喘着，抬头看见上面一层层更高的山，悚然了，小憩片刻理由充足。那一耽搁，雨或许就来了。有时雨从山上滚下来，滚到下面的水沟边就不再往前，你看见山上电闪雷鸣，坝子里却风和日丽；有时雨来自坝子，一口气爬上垭口，似乎气力不足，便不再往上了，那时阳光普照山林，薄雾弥漫坝子；有时雨也下满山里和坝子，那当然是大雨，大得完全蔑视铜厂坡垭口这个小小的分界。

在没有人家没有树的铜厂坡坡垭口，不管雨怎么下你都是无处可逃的，你不像矮小的松树欢欣鼓舞，雨劈头盖脸，砸得你两耳轰隆。不断抬手，暂时抹掉眼睛周围的水珠，你发现雨一开始透明着，逐渐就生出薄雾了，上下左右大片的红土隔着薄雾奔来眼底，突然发现被雨淋也能开心，因为雨似乎也成了红色的雨，雨的另一面还隐隐约约游弋阳光，让你相信大雨过后天很快要晴。

铜厂坡垭口面前的坝子叫者海，者海有乡政府，管着高处的山里人。小学毕业那年，我和同学背着被子步行去乡中学参加升学考，在铜厂坡遇上大雨，浑身上下湿透了，被子里的棉絮浸透雨水，要不成了，干脆都丢进洪水咆哮的深沟里。那一夜，我们趴在乡中学书桌上度过。第二天，我的脑袋和耳朵全是蒙的，发烧了，在卷纸上写了些什么全都记不得。下午考完试回家，走到红土坡垭口又遇上大雨。那时天色已暗，抬头向上看，大雨不红，而是暗青着，大山在雨里表情木然 ，我们又冷又饿，回到家天都快亮了。

爹说，铜厂坡的大雨是吉祥雨。我信了，因为我竟然考上了乡中学，而且听说我发着烧写的作文还得了满分。在者海乡中学，只要爬上学校后面伸入坝子的山包，就能远远看铜厂坡垭口，还能看见另一面的红土坡垭口。它们相同地不长树，无人烟，完整着大片红土，不同的是红土坡垭口是坝子周围最矮处，后面没有山，而是个很大的山谷，一条公路穿过垭口蛇形而下，通向远方。两个垭口，其实就是少年心事的两端，一端是过去，一端是未来。

上中学时，周末常与同学走路去红土坡玩，也被淋雨。因为开阔，红土坡垭口的雨来得比铜厂坡的气势大，冷不丁一堵白云掠过蓝天，疾风劲吹，光明磊落的垭口变脸了，雨点说落就落，须臾间织就水帘，遇上了，你有伞也是撑不住的。脚下，你看见身边的地表被融化成了血，肆意流淌，似乎想揉碎稀疏的浅草和野花；远处，西南方向紫色的童山秃岭间的空茫全被雨水和薄雾填平，一起淋湿着，用很大的声音回应着天空。那时候，发丝里的汗渍被冲刷一空，雨水如千万条溪流划过身体，人或许安静着，但意识不安静。我那时，通常是背对熟悉的者海坝子和铜厂坡垭口，目光追随那条通向远方的国道，憧憬朦胧，心跳加速。

◎ 大脑包

从牛栏江渡口到老家有两条路，一条是过了河就埋着头直接往上爬，另一条就是顺江而下几里路，再右转沿着一条山沟往上走。两条路，实际上就是一左一右，绕开中间的猴爬岩。猴爬岩像一堵高墙立在江边，它光滑、寸草不生，之所以叫猴爬岩，不是说很多猴子能去其上玩耍，而是说连猴子都爬不上去。

传说，很久以前，曾有远方来的人站在很远的山头张望猴爬岩。第一眼，他觉得岩壁威武，似曾相识；第二眼，他看到岩顶红土鲜艳、似有紫气……天啊，那不就是一个完整的坟堆吗？坟堆那么大，埋的自然不是寻常人，至少应该是个天神吧？可别以为坟堆晦气，在故乡，有坟堆的地方必然被认为是风水好的地方。那个远方来的人，他胆大妄为，竟然到猴爬岩顶上安了家，成为第一个定居者。想来，地名也是他想出来的吧？总不能直接叫“大坟堆”么，就叫“大脑包”好了，万山之首，脑袋的脑。

其实，在故乡，大脑包只不过是一个小村子。先说山吧，猴爬岩险峻不假，大脑包好看不假，可站在更高处看，它就是个细长平缓的山头，论尖锐高耸它无法比牛角山，论宽厚神秘它无法比大黑山；再说人，大脑包上多少年来也就住着二十几户人家，它周围的村子人口都远比它多。然而，即使是在过去，村与村因为山林地界、牲口吃庄稼等发生纷争的时候，大脑包的人也没人去惹。

原因是大脑包有口永不干涸的泉水。故乡山高物燥，到了旱季，各村普遍缺水。但大脑包不，大脑包的泉水从几棵大树间冒出，一年四季水量不增不减，即使其他村泉眼断流它也那样。于是，碰到大旱之年，大脑包就热闹了，天天有人，来自别的村，穷的自己背个塑料桶，富的拉头骡子，到大脑包讨水。每逢这时，大脑包村民不是阻拦，而是微笑，欢迎，他们不约而同把看家狗关进屋子，好让讨水的人放心大胆来往……就这一点，谁还能不尊重大脑包的人呢？熟悉大脑包的老人都知道，那里是个很有“规矩”的地方，村人宁肯冻死也不会砍村边的树当柴烧，村里成年的小伙子大姑娘娶嫁不找本村人，避近亲，防止生憨包……

童年，尽管站在自家村头就能面对大脑包，看见山头的侧面像个巨人的肚皮裸露着，大脑包的牛羊在有草的地方游走，放牧的孩子在没有草的荒坡玩泥巴，但我从没去过大脑包。去大脑包要从“坟”尾绕道，穿过一片茂密的树林。传闻树林里有鬼，专门抓心怀不轨的坏人，那就是我不敢去的原因。后来回想起来觉得好笑，即使真有鬼，我也不是坏人，不用怕啊。

有一年回家探亲，我便独自去了大脑包。我穿过树林，看到两边长满我熟悉的水冬瓜树和松树；我走到那口神秘的泉眼边，看到出水口的几棵大树老态龙钟却郁郁葱葱，下面才是村子，再下面是土地，土地尽头长满盛开的龙须花，那就是猴爬岩的警戒线了。让我惊讶的是，村里大凡年纪比我大的人，见到我都要仔细打量，而且十有八九都能叫出父亲甚至是我自己的名字，然后伸手要拉我去他家吃饭……我当然没有应邀，因为腹腔早被温暖填饱。

大脑包，原来就是这样一个有规矩有人情味却不封闭的地方。

◎ 山之骨

在高山上过日子，除了泥土和树，你面对最多的就是石头。石头，它在脑海里也是那么顽固坚硬、奇形怪状，硬邦邦永远耸立在我记忆里的童年和故乡。

乍一看，石头是没有用处的，特别是高处的石头。我说的高处，泛指每一座山的顶部，那是你好不容易才能到达的地方。可一旦上去，你发现山顶不长树，因为没有泥土，甚至连草也不大长，既不能种庄稼，也不能砍柴、放牧。你看见所谓山顶只长石头，高的几丈，尖锐如刀，你把背轻轻靠上去就会有凉飕飕的刺痛，那是石头棱角太多，风太大了。

小时候，过年没事干就去爬牛角山，拿最大的鞭炮插到石缝里去炸，一声又一声，石头屁事没有，鞭炮的响声比在平地弱了无数倍，最多有一丝青烟冒出，瞬间消失在木然的巨石之间。无数次，想穿过石林去鸟瞰前面的悬崖，走两步腿就软了，再不敢前行。其实下面有什么你是知道的，也是石头，从山下往上看，能看见一块块一层层，不规则地堆砌成了那么高的牛角山。在山崖的腹部，有七十年代生产队派人上去用石灰浆写的大字："农业学大寨"，字迹早已斑驳不清，痕迹却似乎永远不会消失。

在高山，你很容易就看见明的石头，就像城里随处可见的房子。但你见过暗的石头么？不是说埋在土里的石头，而是说长在洞里的石头，在离我家村子几百米的半山腰就有。那是一个张着大嘴朝着天空的石洞，洞口被石头包围，幼时不停地搬来周围的石块往里面扔，硬碰硬，叮叮咚咚，回声久久不散。据说，以前有牛羊失足下去，许久后竟然体无完肤到了十几里地的山下，漂浮在牛栏江里了，听来毛骨悚然：究竟是多大的一块石头，长着那么长那么粗的一根肠子啊？

石头就是山的骨头，没有石头山就要垮，就像人没有骨头就要瘫。这话，是老人们说的。在老家村里，盖房子的地基是石头，稳定坡地的地埂是石头，包围水井的是石头，每家每户摆几个在门外坐着晒天阳说闲话的还是石头。尤其要说，村子就在山坡上，背后是一堵百余米的石崖。人要去镇上，得爬上山崖，脚下的路才算开始。来来回回久了，石缝中的路熟了，即使闭着眼睛也找得到，因为有石头让你扶着上下左右绕，石头不知是拦了你还是保护了你。再说，村中间有一条路全是踩着石头走，一直延伸到山里，那叫牛路，是全村人放牧的专用路，因为石头，路两边没有土地，牲口祸害不到庄稼。每天晨晨昏昏，牛铃声声，即使没人跟着，牲口都能沿着牛路一个不少走回家。

回头揣摩老人们的话，其实他们是在用经验告诉后人，说石头绝对不是无用的，石头长在山上，就像树在风中摇摆、泥土在地里安放一样符合天理。没错的，这些年我也明白了，石头为山生，山为人所用，只有和石头生活在一起的人，脊梁、骨头的硬度才会和石头相仿。就如前些年，村里修路了，炸了很多拦路石，还封闭了半山腰的石洞，我回家，汽车颠颠簸簸直达村庄，不用走半点路了，还是觉得累，多少次想去爬趟牛角山都没鼓起勇气，因为还没走出牛路就大喘气了，骨头显然缺钙，是这些年离山和石头太远之故。

◎ 江南

无疑，江南历来好。古临安今杭州，古金陵今南京，古姑苏今苏州，古广陵今扬州，好在中国腹地的便利，好在历史垂青的幸运，好在山水人文的丽质……这些，似乎都不用说了，从古到今，诗词文章，众口铄金，今天谁再说，也说不尽千古，说不到“杏花春雨”更深处。事实上，很多次到江南，我看到的都是一个平民百姓眼中的江南，想说的，也似乎是柴米油盐里的江南。

如今的江南，是好走的江南。江南富庶，首先在交通。汽车、火车，高铁、动车，公交、出租，飞机、地铁，甚至电摩托、人力三轮，江南应有尽有。到江南，只要在网上备足功课，你是不用担心行路难的，而且在方便的同时花钱不多。比如你买张打折机票飞到杭州，玩足了浙江，一张动车票，不挤不慌，四平八稳，用自己的杯子泡杯好茶喝着，一两小时就可以到江苏的地面喝鸭血粉丝汤了。

如今的江南，是好看的江南。江南好，是山水灵秀人文厚积的“天堂”不假。可人家江南，门票一百五的瘦西湖能让你感到处处匠心，移步换景物有所值；再到不收门票的西湖，依然也是不脏不乱，店大不欺客。这是旅游景点，不说也罢。我感受最深的，其实是无论哪个季节，你在江南都能感受到遍布街道、公路、村野、山间的盎然绿意。那里绿，无论是自然的保护还是城市花了钱的靓化，都一样显得真心实意、效果非凡。

如今的江南，是好吃的江南。糕饺饼肉，汤羹粥酒，江南的小吃，让你到哪里都有样样好吃、只愁吃不尽的恐慌。就一个汤包吧，蟹沙、蟹黄、蟹粉、猪肉、牛肉、青菜，现做现蒸，你必须等，又不会等得“花儿也谢了”，热腾腾摆在你面前，“轻轻移，慢慢提，先开窗，后吸汤”，连吃的程序和注意事项都要告诉你，你还会吃得不开心吗？食不厌精，价格如何？我前不久曾和妻子一天两顿走进著名的“南京大排档”，大尝金陵美味，其中也点过菜单上最贵的菜，结果每顿饭付出也就一百多。好吃还能不贵，就好比女人美丽却又善良、土豪有钱还有文化、官员官大还和蔼可亲。不然，五星级饭店的鱼翅捞饭也好吃吧？但又能跟多少忙碌街头的人扯上关系？

毫无疑问，江南更好。除了好走不累、好看不灰、好吃不贵，我还可以数出很多很多，充分证明今天的江南是祥和好玩的江南。这就足矣！我们知道，在春秋时江南是诸侯纷争的地方，在宋朝时江南是文人追逐功名的地方，在清朝时江南是皇帝玩的地方，在现代江南是争江山的地方，只有今天，江南在烟雨中成型了，在太平中揭开了让我们看得见摸得着的面纱，它是富庶的江南、文化的江南、小康的江南，是我们可以到处走走看看、各得其所的江南。

◎ 大海梁子

从云南东川望北行，斜穿山梁之外别无他途。山是仰断脖子犹不见顶的山，路是看花双眼仍不见直的蛇。汽车油门大开依然力不从心，只得拉开架势老老实实地挪。那时间，车声长嚎，天呼地应，如雷贯耳，耳便如急了的鼓，蒙了。蒙了也好，让昏睡去消磨难耐的时间……风是什么时候大起来的呢？猛睁双眼，白云悠悠仿佛触手可及，原来已经到大海梁子的峰巅了，兴奋得人和车都打了个踉跄——下坡啦，会泽城遥遥在望。会泽只是一个小县城，但对于被荒山野岭颠簸了好半天的人来说，实有一种令身心释然的欲回天堂般的磁力。

以前，因为上学，因为生计在故乡与外面之间奔走，如此铭心的感受，我亲历不下几十次。在我的印象之中，大海梁子的干旱是出了名的。沟壑无泉，草木难生，相反却是土龟地裂，石碎沙狂，除了冬春有少量积雪在顶，更多的时候，一阵风足以使大量尘土搬家，一场雨倒反惹起幔幔黄沙，苍穹随之变颜。如此干旱，为什么山名叫做大海？是山头们像起伏的波浪么？不是。大海梁子的山头，互相间大起大落，不似排排海浪，而是颗颗参差独立的狼牙。于是我猜想，无水无浪而命名“大海”，正是当地人渴水心态的反诉。大海梁子属会泽，会泽以类似方法取名的地方还很多，故该县有民谣：“‘大海’无水，‘田坝’无田，‘布多’没布，‘干沟’发电。”我以为正是那块土地上的生存者们共同的思维方式使然。

起南向北、绵绵延延的大海梁子，以其居高临下之势和不可阻挡的天成之威，直接影响着包括会泽、东川甚至昆明等地的风调雨顺。这边，以礼河借大海梁子的落差，从会泽盆地一泻而下，洋洋洒洒造就了一共有四级电站的大电厂，在云南的鲁布革漫湾电站投产以前，发电量几十年雄踞云南第一，光明普照滇川两省数百万人。那头，小江凭两岸取之不尽的松动土层，终年成浑浊之态，其雨季携裹的泥石流，上了中学课本，为天下共听。为此有人说，大海梁子在会泽这边是个好人，在东川那边是个坏蛋。以礼河、小江却不因此说而停滞，相约北流去找我国那条著名的长江去了。

这说的是两侧，山脉的地处。对于山中的人而言，大海梁子给予的真正是山高地旱。生活的分量可想而知，喝一桶水常常要背肿双肩，寻一担柴常常要踏破草靴，赶一趟街常常要起早贪黑。至于种一季庄稼所费的气力，则不可衡量。山上出产苦荞、洋芋、麦子、苞谷之类，也只有这些人一样能吃苦耐旱的庄稼才能在那里生长。好在人是活的，地是死的，活的适应死的，千百年来竟也过顺了，不嫌以致离不开了。吃，也立足于现有，吃出了感情，吃出了花样。几块圆溜溜的苦荞饼，足以伴汉子们出门三五日；几碗热乎乎的苞谷饭，足以撑女人们身负娃娃刨一天的地；几把宽宽的面条，足以引全家团团坐，节日般吃得有声有味。最爱吃最耐吃的当数洋芋，洋芋丝洋芋片洋芋丁洋芋汤洋芋粑粑，再不然就干脆囫囵一锅煮，大张大张剥了皮，酱碗里一蘸，吃得香，饱得踏实。再说大海人穿衣，他们很少讲究款式和排场，一耐脏，二耐磨，三抗寒。三样具备的衣服，莫过于人人一件的“褂褂”。女人们捡破旧衣服撕成块，用小麦糊一层又一层裱牢，粗针细线，闲时缝好，男人一件，半成年的小孩也发一件，自己那件则在前胸加缝一两块碎花布，穿上就像山顶长了野花。褂褂无袖，一年四季干活不离身，一件可穿好多年，跟主人不离不弃。

对于大海梁子这样的地方，多年以来听到最多的评价便是“贫穷愚昧”。从客观的角度讲，我以为这样简单的判断是粗暴的。我想说，大海梁子山穷水穷，但人们并不愚昧。信不信由你，倘若你有朝一日身无分文，落拓而至那里，谁也不认识不要紧，只要朝着炊烟找到人家即可，他们宁愿咽干饭也会把仅有的腊肉煮给你吃，他们宁愿守一夜火塘也会把最好的床铺让你睡。一位身在省城的朋友，曾被派到大海乡“锻炼”数月，去前苦恼万分，去后口若悬河，大谈收获。他最深的感受不是贫穷落后，而是那里的人特有的热情、质朴和善良：“我是受洗礼了，那样的地方，那群特殊的人，你深入一次，便足够回味一生……”

一切生命和生存的基础，一切艰难和性格的源泉，这就是大海梁子。其实，在云南，大海梁子这样的山是很普遍的。无论是滇东北光秃秃的荒山，滇西南植被厚实的深山，还是滇东南布满石头的丘陵，都同大海梁子一样，并不优越的环境里生活着方式大同小异的人。其山其人，远离城市，大多与炙手可热的旅游景点沾不上边，但就面积和人口数量而言，却是云南的绝大部分。因此，云南的真实在山中，云南的艰难和精彩在山中，不了解山和山人者，不管他是云南人还是外省人，不管他是平民百姓还是达官贵人，都不能说他真正深入过云南，更别奢望他热爱云南。

第二辑

世事波上舟

上村山高路远，水果沉，是背不出山去卖的。小奶奶的水果，家里人怎么也吃不完，多半是给过路的村人吃了。她有一个篾箩，冬日里每天都装上水果摆在红石头旁的路边。得空的时候，小奶奶笑盈盈抬个小凳坐在旁边，见人过路就亲自送上一个；不得空的时候，篾箩放在路边，路人要吃只管自己去取。要是哪天篾箩不见了，那就是小奶奶的水果吃完啦。

——《红石头》

◎ 弱者

是月，年近九十的二舅死了，一个让人羡慕的长寿年龄，他终于彻底解脱了，活着的所有亲戚，也为他松了口气。

二舅的家，建在半山腰一块不是很大的斜坡地上。头上，一堵悬崖呈弧形当头罩下，像随时就要把这块空地吞没；脚下，从家门走出去几十米便是绝壁千仞，谷底是一条深不可测的河。小时候随大人去探视外公，我宁愿朝下面去看河水也不轻易抬头往上看，因为看下面虽然腿脚发软，看上面却是天旋地转、双目发黑。

那是外公为避战乱而选择的逃难窝。百年来，也让外公及子孙付出了艰难的生存代价。四十年前，外公驾鹤西去，大舅不久随之升天。一个家族只剩二舅及大舅的儿子大表哥家居住。不晓得又过了多少年，大表哥也死了，他的两个儿子举家迁走，二舅的大儿子当上了老师，也带着妻儿去了镇上。那个叫“大窝坡”的地方，只剩二舅夫妇，和小儿子亮一起生活。

住惯的山坡不嫌陡，二舅孜孜不倦，努力耕作，给小儿子也娶上了媳妇。问题，也就在这时出现了。

亮的媳妇进家门不到一个月便被人拐跑了，因为她受不了那份艰苦和压抑。媳妇跑，亮四处找，找了一段时间不见，疯了，每天拿着斧头跑到江边渡口，说要砍死所有坏人。六十多岁的二舅抹抹眼泪，找了一根铁链，把亮拴紧，锁在堂屋的大柱子上。老两口，开始重新侍候本已养大的小儿子。早晨，要抬盆哄他“解决问题”、为他洗脸；白天，一人下地另一人必须在家看着，喂他吃饭；入夜，二舅打个地铺睡在他侧，随时等候满足他婴儿一样的各种要求……

那样的日子，老两口一过就二十几年。几年前，二舅、舅母都过八十了，我大老远去看他们，见二舅母双眼哭红了，肿着。二舅本来没哭。是我说了句“看二老身体都还不错”，二舅才忍不住流泪了：“我哪敢有病啊，我若死了，这孽种咋办啊？”我无言以对。这世界有时就那么错位，亮四十多岁，弱不禁风，八十老人因此变得强大无比，活着，是因为不能死，死不瞑目。

苦日子总有尽头。去年有一天，亮趁着舅妈打盹，怎么就挣脱了铁链，把自己扔下了山崖。他那一跳，救了自己，也饶恕了父母。不久，舅母含笑离世，无疾而终；二舅谢绝了大儿子要他去镇上居住的好意，独自生活了半年多后离世，依旧是无疾而终。一家三口，一年内烟消云散。

世界太大，悲欢总是无独有偶。类似二舅的人，我心里还藏着两个：一个是当年昆明北门街老街拆迁之前，街口那个摆摊的老头，他在家门口卖了一辈子咸菜，同时照顾着瘫痪在家的老伴；一个是云南临沧市一个年纪应该过了七十的母亲，她养着一个比她小二十多岁的“儿子”——自幼畸形，几十岁了还形同婴儿大小，大脑无用，手足无力，全身上下只有嘴巴会吃、会咿咿呀呀……我在想，北门街早换成了豪宅，咸菜老头和他的老伴去哪里了，还活着吗？儿子智力还不如猫狗的临沧母亲呢？白发人能不能如愿活到送走还没长头发的孩子？

这些事，想不得，一想就脑梗死，呼吸短路；也不愿去祝福他们，因为祝福只是最无用的同情。

◎ 胡瞎子

都说老天是公平的，关了你的一扇窗，必然为你打开一扇门。胡瞎子得到的，就是这样的待遇。

胡瞎子是天生的瞎，很小就发现，他的眼睛一只全盲，另一只只能朦胧看见世界。那时候，他不仅瞎，还穷。才十几岁时，他就没了爹妈，只好自己挑起大梁，带领幼小的弟弟过日子。那时候，在老家的村里，他家属于救济对象。平时没人顾得上，逢年过节，村里家家户户都会给他家送去一小块肉或一些钱。

可以说，哥儿俩是受百家惠长大的。胡瞎子知恩，做人毫不含糊，大凡村里哪家有事，他总会主动上门帮忙，而且即使人家给点工钱他都坚决不受。他眼睛不好，可力气特别大，谁家盖房子，别人抬不动的大梁他抬：谁家嫁闺女，别人背不动的大柜他背；在村里通公路以前，谁家老人病了，他揽在身上就往十几里外的卫生所奔……

胡瞎子三十岁多的时候，他放羊时救了一个为逃婚而欲寻短见的邻村女子。过了段时间，那女子主动找上门来，铁了心要嫁给他。胡瞎子苦劝无用，一番话掷地有声："妹子，我眼睛不好，又比你大十多岁，说娶你，是糟蹋了你，怕老天爷不容。哥说句话，你要真想好了，就自己去跟你父母说通顺，嫁给我弟弟吧，他不残缺，你跟他好好过日子。”女子依言，光棍哥俩的家里终于有了女人的声音，后来又有了孩子的哭闹声。

胡瞎子当了大爹，心里高兴又犯愁。高兴自不必说，犯愁来自家里四壁如洗，怕将来对不住两个侄子，更愧对胡家先人。狠狠心，胡瞎子把自己的被子装进麻袋，甩在肩上，便加入了到省城打工的队伍。第一年过年他没回家，第二年过年他没回家，第三年过年，他还是没有回家。第四年过年前，他回家了，麻袋换成了一个迷彩大包，打开，拽出里面的东西，全是给侄子的礼物，最底层是个小包，里面装着六万多钞票。胡瞎子的弟弟傻眼了，不要说他，村里绝大部分人都没见过那么多钱堆在一起啊。小两口随即都哭了，他们知道，为了那些钱，大哥几年里不知吃了多少苦头。

用那些钱，胡家盖了三间砖木结构的大房子。新房落成请客那天，胡瞎子做出了一个村里前所未有的举动：不但按风俗该收的礼钱分文不收，还杀猪三头，请全村男女老少所有人吃喝了一顿，说是报答村人。

胡瞎子就那样成了老家方圆十几个村的名人、榜样。如今，他虽然老了，打工是不行了，可他两个侄子都在省城做成了生意，还都娶了外省姑娘做媳妇，三个老人在家，吃穿不愁，胡瞎子六十多岁了，身体依然健康。记得前几年，我因事回老家，在村口遇上一个身体精瘦却挑着一担水健步前行的老人。多少年没见了，没等我开口说话，他就喊出了我的小名，说我胖多了，还邀请我有空一定要去他家坐坐。他就是胡瞎子，永远是那样眼瞎心亮。

◎ 天坑

老家村西曾有个可怕的天坑，它离村子只有五六百米的距离，深不可测，洞口朝天，人老远就能听见里面发出凄厉的风声；老家村里曾生活过一个叫大碗的人，听名字，你就知道他很能吃，吃饭要用大碗。

天坑和大碗被放在一起不是我的错，而是大碗的命运，似乎总和这个天坑拴在一起。刚出生的时候，他就差点被当“毛虫”喂了天坑。那时候，天坑的洞口不多不少长着一棵刺栗树，传说过去村里谁家的奶娃娃死了，就拿草席捆好挂到树上，等待一阵狂风吹他掉到洞里。

大碗出生的时候是晚上，他离开娘肚子瞬间没有像别的娃一样哇哇大哭，接生婆拿手指去试鼻孔，鼻孔也是气息全无，便吩咐大碗的爹“送天坑”。大碗的爹当时照例正在喝酒，喝得脑瓜子有些迷糊，听接生婆讲了，也不是很悲伤， 手脚麻利就把儿子捆了，大步流星放到刺栗树的枝丫上，转身要离开时，突然听见枝头发出一声洪亮的啼哭……

大碗的小命就那样捡了回来了，可那些年月活下来也是饿肚子。大碗因为经常吃不饱，就越发能吃。到三四岁时，大碗妈带他去别家做客，小小一个人吃饭就要几大碗，“大碗”这名字不胫而走。

大碗的饭也不是白吃的，他长得比别家娃娃高，而且聪明伶俐。那日，蓝蓝的天空没有一丝白云。大碗和众顽童玩耍到了天坑边，便有娃娃怂恿他：“大碗，你有本事就爬爬这棵树。”话音未落，就见大碗扑到了刺栗树上，把树干齐根压断了半边，人倒挂在洞中的石壁上……等大腕爹闻讯赶到，用绳索把大碗拽上来，那棵刺栗树竟彻底断了，眨眼就消失在洞中，把在场的人都惊出一身冷汗。

大碗又一次从天坑捡回条命，人却吓坏了，从此变得口齿不清，傻了，不知不觉就活到了二十多岁。头年，村西的小翠嫁到村东的那天，小翠的邻居大碗不知从哪冒出来，把小翠扛在肩上就往自家屋里跑。结果，大碗抢亲未成，换来小翠夫家的一顿暴打。村里人都说，大碗怕是要疯了。

这天黄昏，没了阳光的村子，寒意重得连狗都懒得叫。正是家家户户闭门做饭的时候，村里突然响起一个女人的哭声，过门也就不到一年的小翠从村东的婆家跑向村西的娘家。他的男人，老远提着一根拇指粗的棍子在后面追。传闻说，两口子吵架是因为小翠的婆婆嫌她肚子老不见动静，小翠顶嘴，男人就动了手。

小翠一路哭喊着，跑到娘家门口时愣了一瞬，竟然直奔村外的天坑而去。过去在村里，夫妻打架，媳妇跳了天坑的也是有的，小翠显然也是一时想不开了，

她跑到天坑边，突然发现大碗站在那里，双手张着，做出拦截的样子。“疯子，你让开”，小翠立足未稳，身子重重地撞上了大碗。大碗头一仰，人便栽了下去……

小翠吓得跪在天坑边，呆若木鸡。大碗用自己的命换了小翠的命，全村的成年女人都为他流下了眼泪。村里的几个长者商量，这害人的天坑不能再留了，填不了它，封掉它总可以。于是，全村凑钱出力，到江边的集市买了钢筋水泥背回来，像盖洋楼一样为天坑灌了个厚实的顶。

活干完那天，大碗爹站在洞口念念有词：“大碗啊大碗，你龟儿子享福啦，我家上村，只有你住得起这样结实的大房子！”

◎ 姐妹

姐妹三人，一个50末两个60后，大姐二姐都有老公随行，独小妹孤身一人。三家人走进房产交易中心。父母留下的房子不算大，四十多万卖给别人，过完户就可以分到钱了，但一家人似乎不开心，气氛不好。大姐二姐手牵手交头接耳，两个姐夫不远不近挨着，小妹孤单，不说话。

都是五十上下的人了，小妹似乎早已习惯了这一切。早先，她们的家境是不错的，父母都有公职，有点关系。大姐二姐沾父母的光，都进了体制内，大半辈子，工资虽然不高却稳稳当当。但小妹不一样，她从小调皮，不会说好听的话，不讨父母喜欢，上学时成绩也不好，高中没毕业就离校“混社会”。两个姐姐看不起小妹，就团结起来不理她，不仅不理，还在家里的大事小事上掌控父母的意志，不管对错都要由她俩说了算。时间久了，小妹跟姐姐几乎没有了来往， 但她的日子也过得去，丈夫是货车司机，两人感情也不错，养了个女儿，从小学一年级就一直当班长。

可是那年，丈夫出了车祸，死的时候四十不到。家里的大梁断了，艰难重新袭来，小妹开过杂货店，卖过服装，到别人的餐馆打过工，后来去农贸市场租了个摊位，买自己腌制的咸菜。她的艰难，家人似乎都视而不见，只有父亲，背着母亲给过她一万块，没多久她缓了口气，又悄悄还了。

时间就这么悄悄流逝，父亲刚过七十五就逝世了。母亲没有多大思想准备，在父亲离世后衰老很快，一个人在家，经常发呆，忘记吃饭，睡眠也不好。这时候，两个姐姐的孩子先后高考，借口足，经常整月不露面。小妹担心母亲老年痴呆，便把母亲接到自己家里住。那一接，母亲似乎就成她一个人的了，整整三年多，两个姐姐除了偶尔派姐夫送点吃的，就心安理得不闻不问。那年，小妹的女儿高考，得了全县文科第二，上了中国人民大学。多让人高兴的事，两个姐姐却像吃了枪药，相约上门找小妹兴师问罪，说她贪污了母亲几年的工资。

小妹知道，女儿高考远远超过两个姐姐的孩子，是闯祸了。她拿出母亲的工资卡，上面的钱分文未动。母亲这时似乎看清了三个女儿，她发火了，跟两个大女儿说自己的工资要给小孙女做学费，而且，这些年只有小女儿管她，所以家里的老房子也归小女儿。两个姐姐一听，围着母亲大吵大闹，差点没把老人当场气死。小妹忍无可忍，赶走了她们，并表示母亲由她一个人养老送终，母亲的钱和房子将来平分。

又过了一年多，母亲走了，两个姐姐在葬礼上哭得很伤心，葬礼结束就拿走了母亲的工资卡和房产证，很快找了买主，卖房子。三家人就那样最后“团结”在一起了，没有办法，少了谁在场房子就过不了户。

接着分钱，两位姐姐突然提出，母亲的所有遗产要按三家五个人平分，小妹单身，只能得五分之一。小妹无言，倒是一向随和的大姐夫摇摇头，起身约二姐夫上了趟厕所。两个男人回来斩钉截铁说他们的意见：遗产天经地义按三份平分，而自己家得到的一份他俩都拥有一半，都愿转赠小妹。他俩还说，如果三姐妹不遵照执行，他俩就约着到法院申请离婚。

◎ 错过

女生重庆人，70后，在云南上的大学。她长得好看，皮肤尤其白，人虽矮些，那时也是当之无愧的系花，爱说爱笑，并骄傲着，大学四年，不回应任何男生投来的热辣目光，就那样纯洁了四年，让同学都以为她没有情商。

没想到毕业吃“散伙饭”的时候，她抬着啤酒瓶敬全班男生，说要申请延期毕业，再补一门“恋爱课”。毫无疑问，她醉了。在从食堂回宿舍的路上，她走路歪歪扭扭，嘴里却不停地评论这个那个，话题涉及全班好几个男生。男生们尖叫着，兴奋着，分成了两伙，一伙是真想追她的，一伙走在后边看热闹。走到宿舍大门口，那里正修下水道，挖了沟，过沟处搭了两块木板。女生一路神勇，没让任何人扶一把，临到沟边却尖叫一声掉下去了。

沟里泥土很软，她没伤到，只是摔了一身泥。她爬起来大叫：“哪个龟儿救我，我从今往后老娘就是他的……”话没说完，男生们嗷叫着，一哄而散。她才发现，一个男生，绰号瘦马，白净，长发，消瘦，似乎营养不良，不知什么时候早已陪她站在沟里。她哈哈大笑，没想到是他，大学四年，他们之间经常高谈阔论，相处甚密，就觉得他是个大男孩，没心眼。那一瞬她只顾黯然神伤，因为她说了半天酒话，心中那个男神并没有走在身旁听，更没有陪她跳到沟里去。她试图自己爬上去，可不行。

瘦马蹲下，让她骑在肩膀上，消瘦的身躯往上一挺，似乎特别有力。两人回到地面，她已经酒意全无了："对不起，我刚才的话是玩笑。"瘦马笑笑："晓得，只想告诉你以后少喝点酒，喝多了丢丑，还伤人。"

女生回重庆，当官的父亲早给她安排了工作，还把老战友的儿子介绍给她。对方家里做生意，有钱，男人比她大好几岁，对她俯首帖耳，百依百顺，婚期定在了下半年。五一节，两人到云南旅游，她特意选择了住在母校旁边。晚上散步，她兴奋地指着校园的草木，讲述过去的记忆。讲着讲着，她突然发现男人在悄悄拿手捂嘴打哈欠。她认真端详着他，发现她是兄长，不像爱人。第二天晚饭，女生找个借口就溜出去约会她当年心中的"男神"，没想到对方带了女朋友来请她吃饭。谈及婚恋，她谎称单身。"男神"当即郑重其事地告诉她，瘦马一直在乡下支教，不肯固定工作，声称有朝一日要去重庆找她。她听后无语，接过"男神"写给他的瘦马电话，也没有去拨打。

再回重庆，婚礼如期举行，没到一年却离了。外人谁也猜不透，因为丈夫对她很好，她是阔太太。只有她知道，自己是丈夫的花瓶、小鸟，他的心在生意上，不多的话也集中在生意上，她很压抑，满腹的话无处说。离了婚，她翻出"男神"写给的纸条，心潮起伏，拨通。瘦马在云南一个边远的美丽小镇接电话，声音很兴奋，说他等她的电话几年了。她于是单刀直入："我离了，你还要我吗？"瘦马嬉笑，她急了，大声说是真的。瘦马信了，也沉默了，接着告诉她，他的支教身份转为正式教师了，因为当地的一个少数民族姑娘，他决定永远留下，很快要结婚。

放下电话，女生双手抱头，无声而泣。她才明白，原来懵懵懂懂就是"错"，等感觉痛时已"过"了。

◎ 心有灵犀

我曾在一篇小说里描述过如下细节：一个小伙子喜欢上一个别村的姑娘，他们只有赶集天能见到。小伙子发现，姑娘每次赶集都要在惟一一个卖花布的摊子前逗留。于是，做别样生意的他干脆改行卖起了花布。每逢姑娘来到摊子前，他总要装作低头忙算账，让她自在地看个够；在她决定买几尺的时候，他又手脚麻利地双倍量给她。久了，姑娘明白了，她其实也喜欢他，但木讷羞涩小伙子总是不敢有任何语言表示。一个街天，姑娘走到摊前主动递话："叫你爹请个媒人来我家提亲吧，再拖下去，我欠你的布钱算不清了……"这个事的蓝本其实就是我父母年轻时的经历，也代表了他们一生的相处方式：父亲少言、忍让，母亲嘴快、霸道，但他们总是能互知心事，配合默契。

又说一件最近发生的70后夫妻的事情。男人女人自由恋爱结婚，因为男人身体不好，人到中年仍然没有孩子。夫妻生活还算和谐，只是两人关系松散，各有圈子和应酬。是年元旦，女人单位组织集体过节，要到离家几十公里的景区玩三天。当天晚上，女人从晚餐时就觉得心神不宁，饭后集体娱乐，她根本就坐不住，进进出出，几次打老公手机不接，家里座机也不接。她不顾同事劝阻，连夜开着车就飞奔家里。结果是，男人真的遇上病发，一个人在家里昏迷过去了。医生说，再晚些时间送医院，她老公的昏迷就将成为死亡。

相比之下，一对80后小夫妻的故事更让人感动。两个是大学同学，女方家在农村男方家在城市，婚事遭到男方母亲的激烈反对，但两口子靠自己的打拼按揭卖了房，生活特别幸福。这年，横祸飞来，男的代表单位到北方参加学术交流，乘坐的会议参观车辆翻了，包括他，一车七八人无一生还。噩耗传来，妻子没时间过多悲痛，而是冷静下来，先找到素日对自己横眉冷对的婆婆，两人抱头痛哭，一夜未眠。第二天一早，两人一起飞到广州，去找回老家探亲的公公。按照儿媳的安排，婆媳俩下飞机直奔一家大医院，约公公来医院见面。不出儿媳所料，性格急躁的公公听到儿子的死讯，立马昏迷倒地……儿媳等公公脱离危险，携二老为丈夫办理了后事，自己这才病倒，住进了医院……

夫妻亲密于常人，贵在有一种感应叫心有灵犀。在某种程度上，心有无灵犀是决定一对夫妻生活质量甚至是婚姻结果的重要细节。所以，“灵犀”是夫妻间最唯美的感觉，同时又是一种最有用的感觉。也许，轰轰烈烈的爱情，山盟海誓的拥抱，光鲜亮丽的婚礼，最终都是为了转化为这两个字。

生命是神秘的，“灵犀”也是神秘的。但我以为，灵犀的产生并不神秘，它其实就来自夫妻之间真正意义上的同甘共苦。

◎ 大难不死

那年中秋，我从遥远的地方赶回昆明，又到县里去陪岳父岳母过中秋。岳父高兴坏了，几个女婿陪他打牌，玩老掉牙的“甩小二”。也许是因为玩久了点，76岁的他下楼便摔了一跤，跌断了股骨。在医院，更换股骨的手术很成功，可年纪大了，各种并发症跟上，老人家一时奄奄一息，长达两个月的住院，才把他从死亡线上拉了回来。

大约十多年前，昆明郊区某高速路上发生了一起车祸：一辆轿车飞速钻进了前方正在行驶的卡车底部，车顶几乎被削断，车内的唯一一人被挤得仰面朝天，平躺在车里，浑身上下扎满玻璃……三日后，不可能生还的他竟然醒了，医生说他除了身上的外伤严重外，脑袋和脸竟然基本没受伤。他是我一个朋友，那时他刚辞职下海，挣钱的压力逼迫他一夜未合眼却开车赶路。

也是车祸。有个女孩长得好，高一就被县文工团选中，当了临时演员。她所在的是个边远贫困县，能这样已经不错了，书也便不读了。可是，县文工团其实没有多少演出，团员经常被拉去陪上面来的领导喝酒。女孩心里苦闷啊，又不能跟父母诉说。那天，她大中午就被一个领导灌晕了，踉踉跄跄走回宿舍，被一辆农用车撞晕，从医院出来头发缝里留下中指长的大疤。

三个故事，来自不同的老、中、青，结果却是一样的欢乐。我的岳父，他其实是个身体很不好的人。他性格刚烈，很早就参加工作，一辈子兢兢业业。退休后，人闲心却闲不下来，脾气日益暴躁，胃病、风湿多种疾病缠身，郁郁寡欢。那一次从医院出来后，老人像彻底换了一个人，脾气不乱发了，酒不多喝了，多年不沾的米饭每顿都吃半小碗。总归是，老人变得和善健朗，高质量地活到八十岁。我的朋友，刚从校门出来那会其实也是个急躁的人，辞职下海后更是忙碌无度，只知道讨好他的“甲方”。他从医院出来后变得从容而淡定，做生意不再求量，而是挑挑拣拣，做一桩赚稳一桩的钱。他对我们说，在这个世界我不能做最有钱的人，但我一定要做最快乐最有情义的那种。而那个女孩呢，车祸让她远离了酒，远离了本还不属于她的无聊应酬，她又拿起了高中课本，后来考取了市里的师专，毕业又考上了事业单位，嫁了一个帅气的交警。

大难不死，必有后福。有时候，我们面对这句话的时候觉得它说得太绝对，似乎有些唯心主义。但每当面对上述这类事情我们就明白了，它是对的！因为大难之后的人，首先会降低甚至摈弃欲望而满足感倍增，其次会加倍珍惜已经拥有的一切而与人关系和谐，再次会变得谦逊努力而硕果累累。有了这些，一个人难道还会不幸福吗？所谓后福，原来并不是上天所赐，而是这个人的心态和行为变化创造出来的啊。

◎ 力量

有个老师是县教委领导，有一年他说，你当记者，下来一趟，我带你去县里走走，于是就跟他去了。可惜的是，单位给的时间紧张，只去了一个乡。那个乡当然很穷，土地贫瘠，森林稀少，物产匮乏，全乡年均人收入还不足三百块。

我的老师先带我去看了一个人。一个人，当地人称之“瞎子”，我们的尊称应该是盲人。他的双眼见不到丝毫亮光，没有妻子，无儿无女，但他健康活了五十多年，生活起居不需要任何人照顾。不仅如此，他还有一门手艺，就是从砍竹子开始，削竹，分丝，编篾器。他编的篾器结实，不用赶集就有人找上门来买。他在村里算得上是个手头宽裕的人，但却很抠门，舍不得吃也舍不得穿，别人都笑话他：“瞎子，你有钱不使，是要留着将来进棺材么？”瞎子不生气，也不回答。直到有一天，村里学校翻修，动员投工投劳，瞎子一下捐出六百块，说他干不了活，拿点钱尽尽心。我问他，那六百是你积蓄的全部吗？他说，一半吧，还得留着点养老。再问他无儿女，为什么舍得花钱给学校，他摇头，不为啥子，我就想着自己瞎了，村里的娃娃不能当“睁眼瞎”。

见过盲人，眼睛湿湿的，老师又把我带到一条水沟边。那沟很长，好几公里，上下皆无绿色，只有顺沟生机盎然一溜杨树，沟里面淌来的水是下面几个村近两百户人饮用、种田的唯一水源。尤其值得一提的是，水沟首先经过一个完小，保证了学校师生的饮水。办事处主任告诉我，水沟流过的地方，全是砂石地，不稳，经常滑坡，断流，几个村的人只好每年凑钱请人维护水沟。钱少，没有人报名，只有一个老人站了出来。他说，我不是冲着钱来的，我没水喝也不打紧，就是不忍心看着学校的娃娃们经常口干舌燥。老人一干就是很多年，不但维护着水沟，还义务沿着沟边栽了几百棵树。我打听老人，说去世了，儿子在乡政府工作，很能干。

接着步行两个多小时，都快走不动的时候，我们终于看到一所学校，两层楼，旁边还有几间小平房，是老师的宿舍。我的老师告诉我，这个村公所名字很怪，叫都米都。都米都小学的房子以前是老式土墙房，光线差，漏雨，还危险。那年，定了学校要重建，但都米都不通公路，建筑材料拉到离都米都直线距离最近的江边便堆下了。怎么办呢？都米都开了个群众大会，大家都知道那事关乎自己的娃娃，得靠自己。于是，从第二天开始，男女老少能出力的都出动了，一天又一天，他们靠双肩把建筑材料全部从海拔不足千米的江边背到海拔二千五百米的村子。

我的老师很会安排，一个人，一条沟，一所学校，都跟他的工作挂钩，都跟孩子有关，足够写一篇精彩的通讯了。我回到报社，动情地跟领导汇报。领导木然，说这样的事情在云南太多，不值得写。他一句话，弄得我无能为力，无法跟老师交代，觉得自己还不如那些穷人。

◎ 青春漫山

大学毕业第二年，我和其他几个刚分配工作的男女学生，被突然通知到县里“锻炼”。那是个夏日的黎明，昆明的天空飘着雨。单位人事处的张科长 送我们到长途汽车站，站在车窗下特别叮嘱了我两件事：第一，沿途适量喝水，喝少了容易不适，喝多了“方便”不方便；第二，到基层要虚心，每周开一次会交流心得。当日黄昏，班车驶入一个路边旅馆，住下。我们五个男生轮流上，用一副纸牌“拱猪”，谁输了，就喝一杯水，然后跑到隔壁两个女生房间门口，大声地喊：“我是猪！”

也就五百多公里路，第二日黄昏才到县里。根据当地领导的安排，我作为锻炼小组组长，很是大公无私地把他们五个留在县城，而我则和老吴背着行囊到了隔着一条河的啤酒厂。

宿舍被安排在二楼，也就是顶楼，厂里办公室的一间，紧挨打字室。每天早上，听见年轻的女打字员咔嚓咔嚓，我俩就不好意思再睡了，我们也该上班啦。上班干什么？没干。虽然那时的啤酒厂有些简陋，但来自内地、缅甸的拉酒车却经常从厂内排到公路上。我们去到办公室，办公室空无一人；我们去到车间，这边麦芽在发酵，不能进，那边全是女工在灌装，你去了碍手碍脚，没人理你；我们去到卡车前，被工人立刻阻止：“你俩个别处玩玩，小心啤酒砸到脚。”入夜，工人下班了，厂区寂静如野，感谢厂领导给足我们啤酒，我俩关上房门，在三十五度的高温下赤着上身，玩扑克，赌酒，尿急时才拉开门，以百米跑的速度越过二楼长廊，一次又一次冲向一楼的厕所。

仲夏如梦，我们过了一段半醉半醒的日子。有一天，全厂上山采茶，我们才发现那个集体所有制企业还有那么好玩的地方。山头很大，茶树如操练中的士兵整齐待命，棵棵翠绿，枝枝萌芽。脱离了枯燥的厂区，没有了江边的闷热，我俩野马脱缰，正想钻到女工队伍去“采茶”，却又被厂长盯上了：“你俩采不来，跟我爬山去！”我俩只好随他，爬到了更高处。没想到那里是遍地野花，不小心我们就进了花海。平时不苟言笑的厂长那天突然发了“骚”：“美吧？回头往下看，我要让你们体验一下置身花海看姑娘的感觉！”我俩依言，但见茶园衣裙流动，几百女工如音符跃动于五线谱，哆来咪发，不时有清脆的嬉笑声飘上来……我不知老吴那时在想什么，反正我是想我远方的女朋友了。沉默间，厂长一脸得意：“两个小色鬼，漫山春色，看呆了吧？要不就留下来跟我干？下面的青春豆芽，喜欢哪个我都做主！”老吴这时来了劲，胆子也大了：“厂长，做你女婿给行？”厂长一听仰头大笑：“小子眼睛毒嘛，看上了大的还是小的？”厂长的确有两个姑娘，一个18一个16。我和老吴曾私下议论：厂长其貌不扬，身材矮小，怎么就养了一对高挑好看的女儿呢？

两个月转眼过去，我们都不觉得收获了什么，除了忘不掉采茶那天的青春漫山遍野。

◎ 灯光

温浏是滇东南云、贵、桂三省交界的一个乡，俗称的“老少边穷”俱全。1992年秋冬，我被从省城派去那里当工作队员。

初到温浏，汽车翻过一座山头，下坡，便见小镇笼罩在暮色中，惟一栋三层楼灯光明亮。那是正等着欢迎我们的乡政府吧？我想。很快我就知道自己错了，那是晚自习里的乡中学。为这，我当夜就写成一篇《希望之光》寄往州报，大意说最好的房子、最亮的灯光属于学校的地方，一定大有希望。文章很快发表，不久还得了奖，奖金相当于我一个半月的工资。有此好事，学校的灯光更成了我温浏生活的航向。

温浏很穷，在乡政府食堂我经常两大碗米饭下肚还是不饱，因为很少能吃上肉，油水差，这还能对付。最难受的是温浏特别缺水，大多数村的人饮水都靠村子中间的大坑雨季积攒雨水，你嫌脏？还不够喝呢。缺水，我们洗澡的办法是提上两只水桶，走一个多小时到一个有泉眼的山崖下这样做：一个人提水，往脱光的人头上浇下来，这人以最快速度将香皂抹遍全身，又浇水，双手上下快速移动，最多浇五桶了事，毛巾揩干，极速穿衣，换人。那时已经是秋冬了，泉眼下方冷风嗖嗖，我们每洗一次都相当于拚命、受刑，但不是每次都能顺利挺过。一次下乡回来，耐不得脏一个人去了，自己提水自己冲，洗完才回到半路就发烧，四肢无力，几乎绝望。等到终于看见学校的灯光，病情似乎一下缓解了，拼着最后的力气小跑回了宿舍，吃了一包“头痛粉”蒙头就睡。嘿，第二天，竟然好了。

又一次，同去的小罗发疯了，往军用水壶灌满苞谷酒，一个人就往后山去。我知道他曾给大学的暗恋写过一封热辣辣的信，还配了一个温浏的红辣椒。但一个月后信被退回——查无此人！我不声不响就跟上了他，在山顶，我俩一人一口喝酒，不说话。后来摇摇水壶快空了，小罗突然起身，指着山下的灯光：“哥，你知道学校的灯光为什么那么亮？因为孩子们的智慧在燃烧啊。”小罗才走出校门两月，一次失恋似乎变成哲人了，他抬手把那个曾经出过远门的辣椒丢在风里，指着学校的灯光说：“哥，咱们走，回家。”

还有一次，我们温浏工作队全体出动，去一个村动员老百姓出力出钱修座水泥桥，原因是小学必经之路有条沟，刚过去的雨季有涉水而过的孩子被突发的洪水冲走。由于我们十二个队员都带头捐了款，那天的工作非常成功。回来路上，连司机在内十三个人挤在乡政府的老吉普上纵情歌唱。唱着唱着，汽车抛锚，司机说没油了。大家二话不说，推车走了几公里，等看见学校的灯光，十二个人一下成了泄气的皮球一起撒手，把掌握方向的司机吓一大跳。

几个月下来，我对学校的灯光不知不觉有了依赖，似乎不舍。工作结束撤走前，正好我收到了三百块奖金。周末，用掉其中的大半，我在集市收购了当天所有的猪脚，送到学校食堂去煮。那天下午，肉香迷漫校园，据说所有的在校老师，还有没回家的学生，早早地都到食堂抢我的猪脚吃。待我开完会从乡政府过去，锅里早就肉尽汤干，学校晚自习都开始了。我抬着空碗，饿着肚子，心里却美滋滋的，慢慢走着，郑重地跟那一楼灯光告别。

◎ 到某某某吃饭

“某某某到了，大家下车吃饭，休息一小时开车！”第一次从老家坐长途汽车去市里，我痛不欲生的时候听到这句话，仿佛遇到救星看到希望。因为，那时我晕车，晕得五脏六腑都要吐光了。

从老家到曲靖，一路不是下坡就是上坡，路窄，弯多，路程也就两百公里，那时班车要走十来个小时。某某某，就类似那条路中间的“驿站”吧。往某某某过去几十里路就是一个产煤大县，无数来回拉煤运货的大卡车，都得在某某某住上一晚。

但某某某并不是个好待的地方。它实际上就是乌蒙山一处稍微平整的小山坡，旁边住的人家，盖了点简单的石棉瓦平房充当饭馆和旅社。别的不说，某某缺水，餐馆老板的水，从远处挑来放在一个大水缸里，客人喝冷水不要钱，要喝开水，三分钱一杯。

那年，因为胃难受，我很奢侈地花四毛钱，要了一碗米饭一个番茄鸡蛋汤，勉强吃下去。口渴了，为了省三分钱跑到厨房去喝凉水，结果看见配菜师傅从地上拿起白菜叶在一盆浑水里戳一下就切，根本没洗……我差点又把刚吃下去的当场吐出来。

有了那一次，我每次坐车路过某某某都不敢吃饭了，有时备了馒头，有时来不及备就饿着。要是运气好，碰上街天路过，某某某会聚集几百人赶集，那就幸福了，有便宜地道的水果卖，还有人在路边烧洋芋，花很少的钱就能吃饱。但那样的日子难得遇上，某某某的集市一个月只有三天。

二十世纪八十年代，我在市里上了三年学，来回坐班车在某某某停留过好多次，不知怎么就过来了。再后来，市里修了新路，到家乡的班车不经过某某某了，那个印象不好的地方几乎被我遗忘。

2003年，我从省城坐班车去产煤大县出差。第二天办完事，找到了在县城工作的同学，他留我多住一天，说要带我去某某某吃饭。我吃了一惊：没听错吧？某某某还犯得上专门去吃饭？同学笑而不答，开上公家的车就出发了。

路还是那样，坑坑很多，多年的重货车碾压，铺上去的柏油早不见了踪影。自己开车自然比当年的班车快，一个小时也就到了。那天，我们在某某某竟然吃上了“自助餐”，土鸡炖汤，火腿凉片，麻辣洋芋……都是当地的土生土长的美食，按人头收费，爱吃多少只管吃。同学告诉我，那条路虽然不走长途客车了，可拉煤的货车天天要走。某某某的老板与时俱进，把餐馆的档次提高了，这才有了山里的自助美食。

那次以后再也没去过，却一直记得某某某的自助餐。又过了六七年，跟那个同学在省城相会。在感叹昆明的肉全是饲料肉不好吃的时候，他神秘地邀请我啥时再去某某某。说某某某的老板换了第二代，只要找个熟人带去，就可以吃到野鸡、獐子等“野味”。我当时心里很感叹，不是听说那个县的煤快挖光了，货车也很少走那条路了么？二十几年来，因为公路改道、修了高速，某某某恐怕是越来越没人去了，可餐馆却越开越“高档”，真是个奇怪的地方啊。

◎ 好车

脑筋急转弯：有种东西，时刻在同样的环境里来往，可是身价却千差万别，问是什么？答案当然是车，你要回答是人就错了，这年头人能值上千万吗？即使有，能有几个？有没有遍布大街小巷的豪车多？

毋庸置疑，中国人普遍比过去富有了，所以不知从什么时候开始，很多人都做起了私车梦，又不知从什么时候开始，“有车”为荣变成了“有豪车”为荣。我有个老友，退休了，房子也备好一套三居室了，可小儿子年过三十宁肯带女朋友回家住也不肯结婚。理由很简单，还缺一辆五十万以上的好车，在婚礼上长脸。

看来，豪车深入人心，都影响到普通人的生活了。但豪车真能长脸吗？一个早恋的朋友，当年考不上大学就开始做生意。若干年打拼下来，大财未发，小日子过得挺宽裕。九十年代，在我们这些同龄人都还在为买个手机拼命攒钱的时候，他借款五万，开上了价值十多万的汽车。从此，他也“染”上了车瘾，先后换过帕萨特、奥迪，直至价值百万的奔驰。每辆车的钱，他都是付一半按揭一半。车乐滋滋地开着，钱慢慢还着。不知不觉儿子长大了，带着女朋友回家，要求他给几十万在省城买套房子。老兄一算账，车贷还差二十万呢，原来这些年有点钱都花到车上去了，而今把车卖了也不值几十万啦，儿子的要求竟然无法满足。

准儿媳以为当老子的小气，拂袖而去。老兄玩好车，最终没长脸，而是灰头土脸。

由此可见，豪车虽好，却不是随便就能拿来长脸的，没有那个实力，你最好不要去碰。

不然呢？在高昂的车价之后，高高在上的油耗你得承受吧？动辄数万的修理费你得承受吧？车开到哪里，会不会被人故意刮一下踢两脚你得考虑吧？你开着豪车，碰到不自觉的亲戚朋友熟人时常找你借车借钱，你心里烦吧？这样说来，豪车在给你带来点驾乘快感的同时，也会带来无尽的消耗和烦恼。这一点有人估计过，说一辆豪车的消费有时要远远高于养个小三的费用，而驾驶一辆豪车的麻烦，绝对不比养小三被老婆察觉带来的麻烦少。

当然，这些都是说笑罢了，也只有我们这些开不起豪车的人爱听。烧钱咋了？烦恼咋了？这年头很有钱太有钱的人实在太多了，人家开得起、不怕烦，偏就拿豪车来往脸上贴金也没错啊！问题在于，开豪车是有安全风险的。不是经常有豪车相撞的新闻登上各大网站的头条吗？车虽是自己的，坏了也受得起，还借机在全国人民面前出了把名，最终倒是长脸了，可也危险啊。还有，我一个熟人半夜开好车赶路，住宾馆被人盯上了，他去停车场拿东西，被人当场抢劫，挨了两刀，损失不大但差点丢了性命；没过一年，他老婆开豪车在城市大街上等红灯，一个毛贼伸手提上她置于副驾的皮包跑了，她被吓得几天几夜睡不好觉……

由此可见，豪车虽好，你也玩得起，它也不是拿来长脸的，因为你的“脸”若真长了，离危险也许就不远了。

一句话，车是玩物，不决定幸福。

◎ 编辑部往事

事实证明，20、21世纪之交就是纸质媒体永别黄金时代转折点，可惜，那时我们都不知道。

我说的那时，就是二十世纪的最后四五年吧，小小的一个省级周报编辑部，十几个采编人员，都是二十多岁。别以为周报一周一出，很轻松，其实不然。周一拿到刚出版的报纸，开个编前会，周二周三采访，周四发稿编稿，周五看样、签字付印。因为是周报，没有换班轮休之说，编辑记者都是同一帮人，周复一周，紧张，忙碌，还枯燥。

最快乐的就是礼拜五，稿子发排了，编辑部全体人员大部分时间都在等样。那时候，计算机远远没有普及，报社专门设置激光照排室，由专门经过电脑和操作系统培训的照排人员操作，编辑只需要编好写在方格稿纸上的稿子，由美编划版，稿子就进了照排室。坐在办公室里等样看样的过程，是暂时没有操心的闲散时刻，我们常干的一件事情就是“谈人生”：由某个经“民间”排序、轮到“值周”的哥们或姐们抛出一个话题，大家自由发言。我记得，那时候的选题，大多是与国家大事或重大新闻没有关系的，也算是一群新闻工作者的自我放松方式吧。不谈大事，范围就窄了，常常是这个哥们的女朋友脸上有几颗痣、那个姐们的男朋友可能谈过几次恋爱之类，说来说去，话题最终都似乎回归到人类最“永恒”的关于男欢女爱的话题，总是有人成为戏谑对象，总是所有人都谈出很大的笑声。笑着，突然有人“嘘”了一声，大家如梦初醒，笑声改为哑笑。

只因为我们的主编五十多岁，脾气不好。在编辑部，他几乎天天骂人，骂得最多是一四五。星期一，他抓迟到。他的办公室位于拐角，门正对狭长的走廊，编辑部所有人上班都必须经过他门口。他骂迟到者，往往从你的迟到事实开始讲到青年人的朝气蓬勃，讲到你的习惯来自你的素质，直接关系你的发展前途，最远讲到你父亲你爷爷对你家族的不良影响。有个老兄，迟到太多，上楼看见主编门开着，就习惯往反方向的卫生间跑。一次惹怒了主编，主编直接把他堵在走廊上就开骂，骂了一个多小时，走廊上没人敢行走。星期四，他骂得最多的是写稿子的人，写得不好，该骂，可写得不错，他也骂，原因是按他想象的篇幅，你可能多写了几百字，他说你想混稿费，损公肥私。星期五，他每个版面都要看两次样，第一样改得密密麻麻，他交给你，不说话。第二次，假如他头次改过的你没改过来，那你就惨了。他要告诉你那个字为什么改，还要告诉你错一个字的严重后果："假如省委副书记某某到报社视察，你报道少了个字，非说省委书记某某到本报视察，祸不就闯大了？我这个主编干不成不说，搞不好要停刊整顿，害了大家啊！"每个被骂的人都不住地点头称是，心里却想，我们小小的周报，你要想等到省委领导来握手？下辈子吧。

马云冲击了百货大楼，新媒体冲击了我们。十多年后，那份报纸几乎销声匿迹，当初编辑部那帮人早已各奔东西，老主编也早就退休了。回想起来，那时的编辑部不就像一群"农民"集中在地里干活吗？现如今媒体早进入"机械耕作"的电子时代了，我仍然觉得，我们"谈人生"的场景很珍贵，老主编对我们的严格也没错。

◎ 在国外乘机

2001年我们去缅甸采访，刚到一地就听说头天坠毁了一架军用飞机。一行人于是有些害怕，不是万不得已，都坐大巴出行。从仰光到曼德勒，我们不得不坐飞机了，路远，时间紧，何况在国外漂泊都一个月了。曼德勒，离云南瑞丽已经很近，祖国在召唤啊。

走进仰光机场，才开始换登机牌托运行李，我们的麻烦就来了。值机柜台旁来了几个持枪的士兵，用缅语对着我们说了一大通话。向导是个缅籍华人，他告诉我们，军人说我们是外国游客，按他们的规矩，必须在机场用二百美金兑换二百缅币才能登机。我们全都傻了眼：换吧？那时一百块人民币就可以换上千缅币，而美元兑人民币是一比八，不是相当于被明抢么？况且我们是因公出国，吃了亏是公家出还是自己出？不换吧？人家理由充足，有枪，我们虽然是友好采访，但为了方便，用的是普通旅游护照……我们谦和的团长只好出面，交涉了半天，兑换之事才算作罢。

接着办理托运，时间已经很紧。我注意到，又是那两个士兵，跟柜台人员耳语了几句，于是我们的行李，在交运之前被他俩打开，一一检查。男同志的箱子也倒罢了，衣服裤子，香烟剃须刀，那时候甚至连打火机都不管，看一眼摸一下也就放过。轮到女同志可就惨了，花花绿绿，瓶瓶罐罐，一样一样仔细看，最残酷的是看一样摆一样在空地上，没一会，女性内衣裤摆满了一地……有两个未婚的女孩子，当场哭了，哭得电视台的两个男记者握紧了拳头，似乎想上前干什么。我拉住他们，忍着，秀才遇上兵的故事发生了，而且是在国外，所以我们只能忍着，也才知道军人说了算的国家，原来是那个样子。

终于坐上了飞机，我们的情绪却都坏了，个个都是一言不发，直到在飞机上天，平稳运行后，我看到哭过的两个女孩，眼睛依然红着。开始派饮料了，那个空姐看你一眼就知道是外国人，能相应地讲出英语“coffee or water”，坐在我旁边的小蒋，回答的声音很大，先是“water”，接着是“No ，coffee”，接着又“No，water”，把我们集中坐在一块的全部团员都逗笑了。空姐耐心微笑，最后问了他一声：“water？”待她错身离开，小蒋悄悄对我讲，气氛太压抑了，我这是牺牲自己，让大家轻松啊，再说，你不觉得这个空姐特漂亮么？我仔细一看，那个空姐确实很好看，妆不浓，脸是中国崇尚的瓜子脸，微微笑，气质很迷人。配合小蒋，我伸头对前后排的团员都转达了他的发现。于是我们一起的十几个人开始交头接耳，连女生也伸头去端详那个空姐。

飞行时间不长，飞机很快就要下降了，那个空姐出现在正前方的舱门口，十指相扣，垂于身前，仿佛要彻底迷倒我们。小蒋拿起相机，推推我：“有种你上去，我帮你合影。”我深呼吸，起身走到她身旁，指指小蒋手中的相机，她轻轻点头。我走开后，团里的男团员大半都蠢蠢欲动，第二个上去的竟然是我们团长，没想到他年纪最大，动作却那么敏捷。几乎所有人都跟空姐合了个影，大家心中的郁闷一扫而光。

◎ 深圳印象

2015年，中国最年轻的一线城市深圳出了个大风头，中国社科院在“中国城市竞争力蓝皮书”中公布，深圳在中国所有城市中综合竞争力排名第一，香港、上海分居第二、三，广州第五，北京第七。

在我的印象中，深圳的发展速度委实飞快。二十世纪九十年代初，时势所趋，中国南方一个海边渔村就蜕变为深圳。我第一次去深圳是1998年，那时进去还得办理特别通行证。在深圳，我们走马观花，看到的全是没有城中村的高楼大厦，街道宽阔洁净，别墅林立，传说香港无数大佬过来置业度假、养小，我们一时相信，深圳的确是“特区”，是中国制造的“欧洲发达城市”。晚上，我们就住在著名的“世界之窗”旁，看见世界各国的美女三三两两近距离走过，走进剧院为我们演出舞台剧《创世纪》。对深圳，我们的眼神里新鲜与羡慕兼有。

2005年再到深圳，通行证取消了，我们自由出入。不知怎么的，一进市区便感觉深圳有些旧了，街道明显脏了些。一个长期在深圳工作的熟人告诉我们，取消了进入门槛，打工大军蜂拥而入，人多了，难免就有些乱了，卫生状况只是表面的，还出现了抢人杀人的恶性案件。在他的告诫下，我们出行很是小心，一向喜欢乱窜的我也不窜了。自由活动时间，跑到宾馆对面的一个大商场一逛就是一天，给家人卖了好多衣服。讲句心里话，那些衣服质量、款式都很好，而且价格也不贵。因为是第二次去，看到深圳似乎“降级”了，不似“欧洲发达城市”了，心里有些失落，又想这应该是发展中必经的过程吧？

这几年，去深圳的次数就多了，每年至少一趟，而且每次都留了点时间转转，于是吃了些来自全国各地的地道不地道的美食，住了各种档次的宾馆，还坐公交乘地铁，在罗湖关、福田关、中英街看到港深之间的如潮人流、水货大军……深圳变大了，也嘈杂了，有的地方甚至很拥挤。但是，总体上我是喜欢这个城市的，在深圳，你不会有去北京仰望皇城的压抑，也不会有去上海被方言排斥的恼怒，几乎所有的深圳人都是四面八方去的中国人，都讲普通话，都没有积淀几代人甚至盘根上百年的不平等关系网，这对大家好，对深圳也好。

不管排名是不是科学，深圳排名能超过大陆的老牌一线北上广，这表明中国经济正朝着开放多元的方向迈进，是与世界潮流吻合的，就像美国的经济中心在纽约而不是华盛顿，就像世界经济论坛的总部在瑞士而不是美国，小弟弟超过大哥哥，很正常。同时，排名只是一种观点，或者说一种游戏，深圳也不可因此“骄傲”，因为，在同期的全球综合竞争力排名中，仍然只有香港高居第七位，而瑞士、新加坡稳居头一二，深圳的差距，不言自明。

◎ 香港的公交

自以为走南闯北，见多识广；自以为年纪一大把，经验老到；自以为读过书，很有素质。谁曾想，在香港坐一次公交车，让我活生生受了把教育。

是年夏天，闷热。走出香港机场，立马汗腻腻有些难受。我们一行六个人在一个香港女孩带领下，准备乘公交车到九龙红磡。上车的时候，我们各执行李，闷着头冲到车门旁就要往上挤，心里都想赶快上去“霸”个座位，不曾想被女孩阻止了，她指了指旁边，我们才发现同一个站台，每一路车都有排队的准确位置，别的人都在按准确的位置和路线依次排队，只有我们几个……只好红着脸低着头，绕回队伍的最末端排队。

车是双层车，刷香港的“八达通”上去，迎面就是很大一个行李架，大概是来往机场的公交车人性化的设计。我们一行人，每人一个大箱子，很轻松就放了上去。然后找位子，发现最后面五六个座位全空着，便都坐了进去。车上充足的空调让我们一下忘了闷热的苦恼，大家兴高采烈，都说坐公交就是比打的好，又便宜又舒服。说着说着，声音似乎大了些，惹得前面的乘客都回头来看，我们互相对视，无声地笑了：不是俺们素质低，是环境、习惯不一样啊。

没坐多久，我坐不住了。我发现机场线公交站点很多，一路在不断上人下人。我们坐的地方离行李架较远，看不到那里的情况，行李会不会丢失呢？想到此我立刻起身，用方言跟同伴说我要去前面看行李，便走到汽车的中间位置站着。香港女孩肯定是没听懂我说着什么，随后又从我的同伴那里知道了我的用意，便走到身旁来劝我："叔叔，没关系的，你回去座位休息好啦。"她的普通话很别扭，但我还是听懂了。我摇摇头，示意她去坐，表示我还是要看着行李。

那一路，汽车停靠了十好几个站，每个站都有人下车，也都有人上车。我发现，除了女士用的随身小包，大多数乘客上车都会把大小不等的箱包随手放到行李架上，大到拉杆箱，小到双肩包、马桶包，乃至男士公文包，放了行李，很多人就去了上层，就像下层跟他没任何关系了。我心里一直在想，这要是在大陆，一趟车下来不知要丢失几个包呢，香港就真的一个也不会丢？带着这个疑问，我决定站到底，哪怕我不用担心我们的大行李箱了，也要看看会不会有人拿错包。我重点盯了几个个头较小的包，有一个皮质公文包，它的主人起点站就上车到上层去了，可直到我们下车，公交行走已经超过一个半小时，它还好好地躺在那儿没人动。

眼见为实，我相信了，不同的地方，经济、文化水平不一样，人的生活行为、习惯就不一样，人与人之间的信任被信任程度就不一样，这不好说就完全是各地的人素质高低的问题，但的确体现了素质，体现了不一样的素质带来的不同结果。也许，为了体现我在香港的环境里也能发生变化，第二天在中环乘双层公交时，我也把随身的双肩背包随手扔在一层，大咧咧地上二层了。结果当然可想而知，到目的地下车，我的包安然无恙。

◎ 红石头

我的老家是乌蒙山深处的一个闭塞山村，也许是因为地势高吧，名字就叫上村。我讲的是二十世纪七八十年代的事，那时上村不通公路不通电，闭塞得很。

上村南端有块红色的大石头，高约两丈，宽三四丈，近处看它像堵墙，远处看它像团火。红石头是上村的门户：上村人出门赶街串亲戚，总要从村中下一段小坡，从红石头旁走过；上村人外出回家，爬完大坡就看见大石头了，那时便站着喘口气，仿佛看见了自家的门。

红石头旁边是个坎，坎上座落一户人家，姓彭。彭家独门独户立在大石头上，几十年来在上村一直独此一家，代代单传，不张扬不惹事。

但这并不等于大石头上没动静，那里光景好着呢。

三间敦实的瓦房，两间标准的厢房，前面横一道精精神神的偏厦，整一个躲风背雨的四合院，周围栽满竹子，还有果树。远远望去，石红树绿，青烟弥漫着食香在中间自由自在地飘荡。试问上村谁家有如此好看？好光景孕育好事情，彭家虽世代单传，但最近一代却走出了山，在省城风风光光坐吉普干大事。

这一切，全仗彭小奶奶持家有方。

彭小奶奶上半生命不好，才三十多岁就死了男人，一个人拉扯独儿子彭万兴。待到彭万兴娶上媳妇成了家，就再也不让妈妈上山下地了。小奶奶看家做饭，闲来无事就在房前屋后栽树养竹，年复一年，成了村里的寿星，成了村里活着的惟一一个小脚老太。

据说，原来大石头上除了房子什么也没有，屋子站在石头上，光秃秃，孤零零。万兴受了小奶奶的指使，不知从哪个村弄了许多竹桩埋在房前屋后，又在竹桩之间载了些果树。便见彭小奶奶踮着个小脚，每天抬个破旧的瓷盆，把用过的脏水点点滴滴浇给植物们喝。

彭家渐渐绿了。人们往大石头路过，不知不觉就不见了房子，只看得见果树开始挂果，竹子年年冒新芽，还听得见彭家的狗叫，和小奶奶吆喝狗的声音。

“彭家的绿化搞得好，值得提倡！”这话是镇里一位干部在上村的村民大会上说的，话说完就惹得全村男女老少哄笑。是呀？绿化家门口有啥意思？要说绿，天天守着村子周围的山还不够绿？人们尤其想不通的是，彭家栽些果树还有得水果吃，可小奶奶为啥费九牛二虎之力栽哪些细如手指的小黑竹呢？就这事，有嘴闲的婆娘忍不住去问，小奶奶笑而不答。

又过了几年，彭小奶奶开始挪着小脚，眯着眼睛，在竹林里挑选竹子。她选中哪根，就用小斧头齐根砍下，伸开右手拇指和中指量量，取三四尺长，放下，又挑选。大约有了几十根，小奶奶就搬回屋里，坐在火塘边，用烧红的铁丝，一根一根打通竹子的节。

彭万兴开始卖竹子。街天，他将小奶奶弄好的竹子用绳子绑紧，斜挎在肩上，轻轻松松去江边赶集。他手里也提着一根竹子，不过竹子已不是竹子，粗的一头安上了烟锅，细的一头安上了烟嘴。烟锅烟嘴是铜的，金黄色，被铜匠打磨得光滑鲜亮。烟杆是黑的，黑中透着花斑，竹节处被小奶奶用砂石磨过，光滑又不失棱角。万兴提着长烟锅，碰到村庄可以吓狗，走到累了就咂几口旱烟。万兴手里的烟锅其实就是活招牌，他把竹捆往集市上一放，烟锅往嘴里一含，不呐喊不吆喝，自然有人来买烟锅杆。

彭家的烟杆，先是几分钱一根，后来是几角钱一根，再后来是几块钱一根。彭家那些看上去一起风就摇摇摆摆的小黑竹，自然支撑了彭家几口人的小日子，还把万兴的独儿子送到省城读了大学，留在省城进了大机关。

彭家不抢不偷不赖不骗就好过了，来往红石头时人们抬眼投去的都是羡慕的眼神。但彭家依然故我，万兴一生老好人，话不多，爱抿个嘴不出声地微微笑，别人夸他骂他都是那样；小奶奶呢？依旧踮个小脚，很少离开竹林，离开红石头。

不是小奶奶不敢见人，是红石头上那团绿荫里有她忙不完的活。

说起来，一年四季小奶奶花精力最多的还是那些梨树桃树李子树。春天，小奶奶要从牛栏里取粪来捂果树的根；夏天，小奶奶要抬根长竹竿守在树下，防止嘴馋的鸟儿来啄果；秋天，小奶奶要往果树下铺厚厚的松针，防止熟落的果砸坏；冬天，小奶奶更忙了，她要不断翻拣贮藏在家里的水果，瞅见可能要坏的，就先拣出来吃。

上村山高路远，水果沉，是背不出山去卖的。小奶奶的水果，家里人怎么也吃不完，多半是给过路的村人吃了。她有一个篾箩，冬日里每天都装上水果摆在红石头旁的路边。得空的时候，小奶奶笑盈盈抬个小凳坐在旁边，见人过路就亲自送上一个；不得空的时候，篾箩放在路边，路人要吃只管自己去取。要是哪天篾箩不见了，那就是小奶奶的水果吃完啦。

不过有一样水果小奶奶不是这样处理的：金沙李。据说那是小奶奶随嫁妆带来的一棵幼苗长成的，小奶奶家独此一棵，整个上村也没有第二棵。每到夏天，它的枝头就挂满李子，先绿，后黄，金灿灿的黄。小奶奶看李子看得紧，除非全黄，她不允许任何人摘一个，连家里人也不允。等到成熟，小奶奶掐好日子，就叫儿子架上木梯一个一个摘下来，她在树下一堆一堆亲自分，分好了，就让儿媳去吆喝村里的娃娃带上家私来取，上村家家户户，见者有份。娃子们走时小奶奶还不忘叮嘱："李子熟透啦，拿着小心走，不要摔着……"

彭家就是这样，和善，人缘好。上村人凑在一起吹牛，偶尔有人说彭家沾了红石头的仙气，上村的红石头让彭家独占了。马上就会有人站出来驳他："说啥，不是小奶奶，谁上红石头能坐

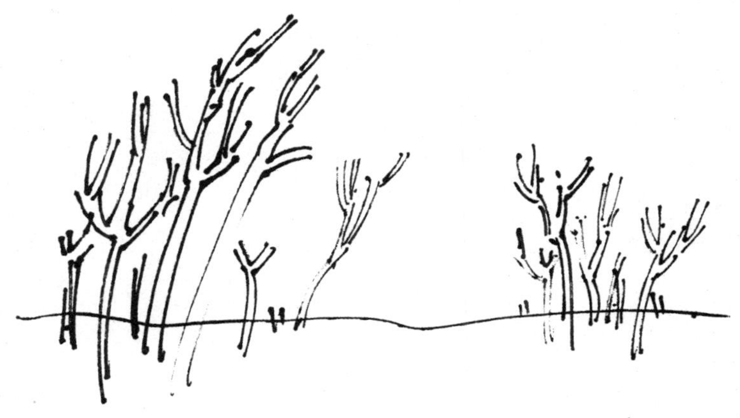

稳？小奶奶是老观音哩，哪个乱说她哪个倒霉。”

小奶奶一活就是八十六岁，终究老了。小奶奶死的那年，村人常见她穿着干净的衣裳，扶个拐杖站在红石头上凝望山下。村人明白，小奶奶是在盼孙子。她孙子在省城当了副处长，据说工作忙得很，掐指算算，已经三四年没回家。

小奶奶死的那月，正是金沙梨全黄的日子，小奶奶把分李子的场地从屋外搬到了自家堂屋。小奶奶已经躺在床上动不了啦，她看着娃子们一个个把李子领走，最后一堆，她让儿媳装在她的篾箩里，用柔软的荞壳盖好，藏在自己床下。

没几天，小奶奶就走了。只见她的眼睛一直睁着，直到入棺时，万兴双手去合都合不上。

又过了些时日，她的孙子终于回来了。据说，都四十多的人了，省城的处长，进门就被他爹扇了一大耳光，又捧着那箩已经腐烂的金沙李，跪在奶奶的灵位前哭了整整一晚上。

第三辑

自非旷世怀

冷笑话说，狐狸和狼做夫妻，两位都干了许多贪赃枉法的事情，结果被上帝判处一死一活。两位无奈，只得以“石头剪子布”确定谁死谁生。结果，狐狸输了，吃了子弹。狼抱着瘦小的死狐狸失声痛哭：“你咋回事啊，不是约好了同时出石头么？我心甘情愿出了剪子，你干嘛非要去出布啊。”故事真“冷”，听完打哆嗦。

——《寓言》

◎ 亲爱的人民西

昆明，记忆中的人民西路，够宽敞，人流大，小吃林立，车水马龙。不知什么时候，马达轰鸣，挖机进驻，亲爱的人民西成了“屠宰场”，杀的就是路旁高矮不一、新旧不等的房子。

开始那段时间，潘家湾一个居民大院门口血色的横幅林立，“反对强拆”、“誓死捍卫”之类的血书让人触目惊心。那里是一个有几百户上千人居住的大院，有人说拆就要拆，把里边的人惹火了。要知道里面住的，有好多个民族、不同年代参加工作的人，他们当中有人当过领导，他们不少亲戚现在还当领导。他们组织了“护院队”，状纸送得很远。一句话，他们不好惹。

潘家湾那个大院至今还在，是个特例。人民西其余的房子可没这么好的运气了，从小西门到梁家河，该不该拆不说，能拆的全拆了。拆得最干脆的是环城西路以西：昆医、棕树营、红联村、赵家堆、梁家河，彻底天翻地覆，彻底日月无光。据说，要拆昆明医学院之前，全校师生都想不通，无数老教授都流泪了。但昆医不是潘家湾大院，而是正经八百的事业单位啊，一声令下，下面人再反对有什么用？教学楼拆，学生宿舍拆，图书馆拆，教职工宿舍拆，无数花草树木用电锯扫平，全校搬迁，几十年的基业化为尘土，人民西因为少了一处飘扬书声、出没少女的昆医而黯然失色。还有赵家堆，当年出租房林立，刚毕业的大学生、天南海北的打工者兄弟般共存，旅社、小吃店、烧烤摊遍布，民间民情可见，人间烟火弥漫。如今，赵家堆已不信“赵”，对面的棕树营也没了“棕”，全都姓“房”啦。只是，房子盖了很多，一栋比一栋高，一栋比一栋漂亮，细心的人入夜仰望，黑灯瞎火全空着。

全线拆建，这样的“大手笔”对市中心主干道人民西来说，已经是水深火热。可是你别急，同时还修着地铁呢，围挡，占道，渣土，改道，怎么弄、弄多长时间都合理合法。人民西大动干戈，交通混乱，扬尘满天，据说连农民工兄弟都骑着电动车绕道走了。只苦了我们这些拆不成走不掉的可怜虫，每天上班堵的提心吊胆，好不容易奔进办公室，满桌子满地都是灰，刚打扫干净，问题又来了，开窗吗？缝刚露出，呛人的尘土大军就扑入七窍，不开，闷死你，只闻到对面厕所的阵阵阴臭。真是无处可逃啊!下楼走走？惟一的可去只有体育场。然而体育场似乎早不“体育了”，看不见仅有的绿茵，只看见一场场由地摊衣服及垃圾食品组成的“博览会”。

亲爱的人民西，你已经沉沦了七八年，你究竟还要沉沦多少年？那日无奈步行，见街中间的围挡有言：“昆明地铁给你添麻烦了，感谢您的理解支持”，看看，多么温馨动听啊？可惜都是屁话——不理解不支持谁能忍七八年啊？但这样干了七八年，岁岁年年让我们吃灰，竣工仍然遥遥无期，还大言不惭要“理解”，这是不是残忍了点？

◎ 瘸腿立交

昆明北二环有个教场立交桥，它的年龄快二十岁了。这二十年，昆明的城市规模扩大了若干倍，城中村被拆得没几个幸存者，地铁钻到地下全线开工，下水道修了千百回，二环高架全线贯通，三环、绕城高速修建得富丽堂皇……可就是一个教场立交，瘸着腿，没有由城里向西进入二环的进口。

早年，因为瘸腿，由城里经教场立交往西的车辆只好往东面的上口逆行下去，右转入二环。因此，教场立交从出生不久就在东上口配备了交通协管员，但因为只是协管，根本阻拦不了桥上源源不断逆行而下的车辆。于是乎，立交桥下成了驾驶员和协管员吵闹的战场。有一天，天色已黄昏，协管员大爹好不容易疏通了交通，一辆违章车又从桥上逆行而下，大爹怒了，又没有执法权，便伸手拉住违章车辆的副驾窗户，一边呼叫附近的交警来执法。驾驶员怕交警来，强行右转，甩不开大爹就缓缓前行，结果，执着的大爹被车子拖进二环“陪驾”几十米，直到交警赶到，驾驶员得到“应有的下场”。

大爹的认真负责让人钦佩，但那也十分危险。也许是看到了这一点，后来站在路边的大爹们就习惯睁只眼闭只眼，只在岗不尽责了，这样一来逆行车更是肆无忌惮。某些年，教场立交东入口靠二环的一边排列出了一排障碍物，专门对付桥上下去的逆行车辆。你想，逆行下去右转本来就很困难，再加障碍物，转弯半径几乎就没有了，每一辆违章车付出的，必须是胆量与车技的完美结合。那一天高峰期，一辆红色轿车从桥上强行滑下去再右转，右边的车身挤倒了两三只障碍物，左边的车尾挂到的正常上桥的一辆车。女司机被吓傻了，站在车旁边拿个手机不停在拨电话，手却抖得根本不听使唤。她的前后左右，车声，喇叭声，骂声，甚至有人朝她吐口水……那天晚上的都市新闻报道说，教场立交接连发生了几起擦碰事故，好戏一直演到深夜。

在每次堵塞和事故人散曲终之后，教场立交依然故我，年复一年。直到今年，东上口本来就不宽敞的斜坡中间安装了白色的隔离栏，这能不能阻止逆行下坡的车辆呢？那日，我开车路过，干脆停车站在桥头观察，见桥上仍然不断有车辆守候，瞅着暂时没有车辆上行的时候开车逆行。不一样的是，原来没有隔离栏，还能避让对头车，如今避不开了，便只能加速，趁着没有上来的车飞快下去。我看了十分钟，就有一个逆行车倒霉，下滑五十米，便有车飞速上来，当仁不让，对着他的车头狂按喇叭。倒霉的老兄没办法，只好在对方的步步紧逼之下，一点点把车倒回桥头。

因为回家必经，我这些年自是充分享受了这个瘸腿立交的好处。曾经，与一位专业人士请教瘸腿立交为什么一直瘸腿，他分析原因三条：第一，要修建西出口必占相关单位地盘，协调难度大，久拖不决；第二，工程小，“油水”不大，各环节没积极性；第三，交通虽然混乱但毕竟没死过人，引不起高层重视。他分析得对不对我不知道，听后我只是心里挺凉的，担心瘸腿立交陪伴我一辈子。

◎ 消失的雕塑

二十多年前，在即将从山里去曲靖读书之前，有人专门告诉，那是云南第二大城市，是滇东北高原的骄傲。

林子大了鸟就多，城市大了会怎么样呢？那年，我第一次坐着到曲靖的班车时就这么想。曲靖的模样，我是一路晕车一路猜。那时曲靖的高房子还不多，出了车站就觉得中间有雕塑的麒麟池很显眼，连同去学校路上的阿诗玛雕塑，我是初次见那一类东西，觉得它们同城市一样神秘。

第一次逛街，是约本地同学去的，怕迷路。出校门左拐两百米，阿诗玛就在眼前，又直直走好一会，便到了麒麟池。同学说，阿诗玛是跟着阿黑反包办婚姻的，骑着麒麟的是仙女，都是咱们曲靖地界的神话。我看看，数数，阿黑持弓箭朝后警戒，阿诗玛朝前展望着，麒麟女周围有八个娃娃。后来我就敢一个人上街了，早晨跑步也去。从阿诗玛跑到仙女身边，来回都好像有谁等着我。一个星晴天，我仰望着阿黑的弓箭嗑瓜子，被罚款五角。城市原来有好多规矩，我不知道，很惭愧，便写了篇文章投稿，被好心的编辑登在报上，所以就开始做作家梦了。有一晚，一个写诗的男生老远来找我。他只有八毛钱，我没有。八毛钱买了四根羊肉串，一人两口就结束了。我们在两个雕塑之间逛了几个来回，脚有些疼，文学也谈够了，就蹲到麒麟池边上去搅水。

他突然说他有女朋友了，还说只告诉我一个人，我激动起来，说我也有了。结果我们便开始谈论那两个女孩，互不相让只好一人一段，结论是为了爱情必须好好做人，好好写诗。

那年隆冬的一天，下午还要考试，有同学说白石江的壁雕剪彩，非拉我中午去看。白石江是诸葛亮擒孟获的古战场这我早就知道，建了壁雕却是我不晓得的。很大的壁雕突然就出现在我面前，诸葛亮与孟获拱手相敬，亲如兄弟。从那以后，我散步跑步的路线便延长了。三处雕塑，几乎在同一条直线上，我开始认识到他们是同一个整体，连同街道两边不断冒出的新楼，都是城市规划中的组成部分。我还听说，在当时，全国那样拥有几处雕塑的中小城市还很少，所以有个作家在他的报告文学里把曲靖的雕塑称为“丰碑”。由此，我对三处雕塑的喜爱慢慢变成了依赖，产生了自豪。

光阴似箭，读了几年书我就离开了曲靖。开始几年，人走了心还未走，有事无事，每隔段时间就要跑回去找找朋友，免不了还要散散步。夕阳里，夜色中，立在几处雕塑下，想想过去的事情，甜甜的，或者什么也不想，依然感到满足。后来的岁月就不知怎么了，许多朋友失联了，曲靖在我的视线里远了。偶尔去曲靖，总是办完事就走。几年前独自驱车去出差，路过阿诗玛正南方后来兴建的南城门，心里一动，突然间想起那几处雕塑，就像想起久未谋面的故友。晚上刻意住下，一个人去散步。从南城门开始，我发现阿诗玛跟着阿黑消失了，麒麟池也已无影无踪，白石江的壁雕倒是还在，可已如我失望的心，冷清而斑驳……

地标性的雕塑被街道挤占了，曲靖还是曲靖吗？没有传承的城建可谓灾难，这样的事情太多太多。

◎ 悲哀

有个大学女同学命好，嫁了个爱他如命并且能挣钱的老公。从当年怀孕开始，她就成了全职太太。前年，女儿考到一所名牌大学上学去了，她立刻在市区租写字楼，开了一家公司。公司虽小，业务却做得风生水起。

一次同学聚会，谈起她为什么“重出江湖”，她出语惊人：“道理很简单，女人必须自强自立，否则就会沦落为男人的附属品。”她认为，老公再能干，对她再好，也比不上她自己开了公司、有了利润还养活了几个员工有快感。“养育了一个目前看来还不错的女儿是我这辈子最大的骄傲。接下来，我也要女儿刮目相看，为我骄傲。”她说。

身在写字楼上班的她，跟我们讲了不少写字楼女孩的故事。她公司的出纳是亲戚的女儿，90后，家境不好，大学毕业就到公司，人还算能干，可就是长相很差又虚荣心强。为此，她都每月按公司标准多发一千元给那女孩，女孩还是经常嚷嚷没钱花。一日，公司来了一个中年女人，大吵大闹。一了解，原来那女孩暗中跟人家的老公来往了好久，曾经在宾馆被女人“捉奸”，当场保证过不再与男人来往却没做到，女人忍无可忍才找到公司来……面对这事，我同学碍于情面不好多说，只交代女孩自己处理好。没想到，女孩为了在她面前挽回面子，竟然找个机会到她办公室“出卖”了另一个女孩：“经理，您知道吗？对面公司的某某上周六结婚，当着几十桌客人号啕大哭呢！”某某是同一层楼另一家公司的行政文员，也才二十多岁。我同学耐心听完女孩叙述才弄清大概：某某原来是公司老总的情人，老总曾给她在市中心租了高档公寓，建立了两人的安乐窝。后来，某某到了不得不嫁人的年龄了，心里却舍不得与老总那份安逸，所以婚礼现场莫名其妙就哭了起来，而且老总和夫人都在……说到这我同学直摇头：“你说说说，这是什么事啊？是不是时代变了，只是我这个家庭主妇落伍了？”

其实，我同学也知道，这些事跟时代有某种关系，但归根结底还是取决于每个女人。女人一生，由于生理心理原因，很多地方不能跟男人比。但是，由此带来的，比如说体力、远见甚至能力不如男人，这些都不是女人的悲哀，相反，自古男悍女柔，女人的简单柔弱乃天经地义之美。女人只有一种情况是悲哀的：自甘沦落。这个时代，为了钱为了势而卖淫或作“小三”的人，确实比改革开放前多多了，可这是时代的错吗？还是只能怪自己。不是有句俗话吗，“女人不要脸鬼都害怕。”我同学口中的女孩算什么？许多有钱的名女人不也甘当“高级妓女”？我曾打开百度、搜狐，输入某绯闻满天的明星的名字，结果，搜狗跳出来二十五万多条、百度跳出来百万余条有关她的新闻，绝大多数都是负面的，说这个“时尚民歌天后”是“军中妖姬”、“公共情人”，上过她的高官“至少有一个排”……对此我们又能说是时代的错吗？

我那位女同学说，她愿意录一本外国小说里母亲对女儿的期望，送给天下女人、特别是年轻女孩们。大意是：每个人都是平凡的，你不一定要长成参天大树受万人敬仰，你只要独自面对人生风雨，洁身自好，平安就好。

◎ 送与不送

有个70初出生的朋友，大学毕业考上公务员，在市级机关工作。同时，他的大学同班女友考上了事业单位，在离市区百余公里的一个县中学教书。两人结婚后，分居的问题出来了。他使尽浑身本领，在市区联系了一家学校，并且很快办了借调手续，让妻子先到新学校上了班。不料，调动手续走了半年仍然未成。他追根索源，原来是那个县的教育局死拖妻的档案不发。朋友毕竟聪明，略加分析便知道了原因。他找到那个县教育局局长的电话热情洋溢地打过去，套了一会近乎，转入正题，希望对方先高抬贵手，尽快把妻子档案发出。末了，他还在电话里郑重地打听了局长的家庭住址，声称不日将登门致谢。

不出一月，妻子的调令下了。朋友陪妻子从学校到县里，一一办理离职手续。在县教育局，有局长招呼，妻子很快盖章办完。完事后，局长亲自送夫妻二人到大门口，见朋友依然不动声色，有点急了："要不，现在就去寒舍坐坐，认认门户？"朋友一听，还真想老子送礼啊？遂满脸堆笑安抚对方："局长，大恩不言谢。今天时间仓促，没有准备。过天安顿好你弟妹，兄弟专程来访。"说罢扬长而去。此后，朋友又曾两次接到局长电话，邀请他"去县里玩"，他推三阻四，不了了之。"贪官，想占老子便宜，要死你！”朋友跟我们讲这件事情时一脸得意，那是二十世纪九十年代了。

前些年，朋友又遇到类似难题了。他当副科长很多年，早就到了上科长的年龄和资历，可是比他年轻的人都上去了，老天的雨点还是没落到他头上，问我们咋办。有朋友心直口快地指点：“你傻啊，不送钱谁会提拔你？”朋友点头称是，说他不是没想过，可他跟局长没私交，一怕送了人家不拿，反而弄巧成拙；二不知道送多少合适。说到这个问题，我们在座的几个朋友面面相觑，都不知道官场潜规则里的“行情”。有朋友试探着建议：“这年头谁不爱钱？你不用担心送了他不收。勇敢点，你回去就整两万去试试。”

半年多后，朋友专门为此事来省城诉苦，说他上次回去就办了，送了两万到局长家，局长也笑纳了，还说什么“你的事情会放在心上。以后不必客气，来坐坐就行了！”可过了这么长时间，都一年了，他升职的事情依然没有着落。我几个七嘴八舌，结论是送少了，建议他回去再如数送一次。朋友一听不干了：“老子一年工资才几万块啊，都送了他自己不活了？不干！”大家一听也是，送钱买官原来是上贼船啊。又过了几个月，那朋友又把我们召集在茶楼，迫不及待地告诉我们：“你们知道吗？我们那个狗局长进去了，大快人心啊！”有人忍不住叹息他的钱白花了，那朋友立马得意非凡的样子：“这正是我要告诉各位的！上次我回去仔细打听，有人说在我们市里买个科长至少五万块，我果真是送少了。他娘的，老子干脆直接给局长发了个短信说我岳父住院，需要向他借钱二万，哈，狗呢，下午就亲自打电话叫我去他办公室拿了……”

大家愕然，以为自己是在听评书。

◎ 温饱

儿时挨饿。饿久了，就怕极了。因为老是不到吃饭时间就喊饿，便挨了妈妈不少无奈的巴掌，打在瘦兮兮的屁股上，辣，怕是死也忘不了。有一天，饿喊过了，妈妈却充耳不闻。无趣，只有跑到山坡上，脱了上衣晒太阳。空空如也的肚皮软绵绵、咕咕叫，被晒得受不了时，便把泥巴抓来堆上，望着远远的天空乱叫：

大火堆
烧洋芋
一边烧，一边啃
不用剥皮不吹灰

一个人唱着，声音越来越小，不知啥时睡着了，被阳光刺得梦中全是红的，真像烧着很多洋芋的大火。

有此深入骨髓的体验，童年的我便认为，人生没有比吃更重要的事。我十二岁开始到离家几十公里的镇上上中学，那时妈妈已经离世好几年，为我凑够每月的伙食费便成了爸爸的人生追求。起初，他不放心，每个周跑一次，亲自到学校为我买好饭菜票。来回山路五十公里，他总是每次黎明出门，半夜归家。为此我目送他走出校园时，总是双目泪珠打转，回头便把饭票藏得好好的，吃一顿，取一顿。每周饭票七斤，菜票一块，分配是这样的：每顿饭票半斤，菜票五分，一周吃一顿肉三角。几年后，我先去了县城，又去了市里、省城，爸爸当然不能再送了，改成邮局汇款。每次收到他的汇款，我的心都要一如既往地收紧，心里猜测这次的钱爸爸又是从哪里弄来。为了挣钱供我，爸爸白发日益增多，我每个假期回家都能明显感觉到他在变老。有此艰辛，我便小心地用，小心地吃，从未敢随便多花一分钱。虽然如此，十多年的离家求学生涯，仍有无数次为饭菜票发愁甚至吃不饱的日子。

后来，我工作了。起初工资才一百多块，每月在单位食堂吃饱肚子后所剩无几，这才发现生活并不像之前想象的“大学毕业就好了”那么简单。那年，为了让孤独的爸爸开心点，我第一次把他接到省城，一个人的工资两个人吃，捉襟见肘是必然的。为了省钱，爷儿俩就在简陋的集体宿舍自己开伙。一日回去，老远就闻见一股呛人的腊肉味。原来父亲花五块钱，在菜市场卖了一塑料袋火腿皮，花了大半天洗干净来煮着。我知道，父亲是想吃家乡的火腿了，可菜市场的火腿要几十块一斤，他舍不得买，只有去买火腿上削下来的边角废料……

都是些不忍过久回忆的事情。一晃二十多年过去，吃饱是早就不成问题了，可已经到了想吃也不敢多吃的年龄。突然发现，人生大概就是这么回事了。饿了要求饱，冷了要求暖，求饱求暖的过程，被冠以奋斗的过程。饱了，暖了，再想办法对亲人对朋友对别人好些，再想法做些有意义而让自己不觉虚度的事情，这样一来日子也就慢慢过去了。过去的不再回来，未来的一无所知，所以今天或现在就是最重要的岁月。人活着，就这么庸俗，这么高尚。

◎ 红砖房，花被套

人生有许多烦心事，我把这类事情统统称为“活苦”。活苦这词有些生涩，却也自有出处，好像有名人说过“人活着就是一场苦难”，这不就是“活苦”么?

二十世纪九十年代初，我吃公家饭住公家房，工资低，房也很差。钱少，我省着花，可位于顶楼的房子大漏，我便不能不急了。那个雨季，催单位行政办无效，说要过了雨季才能维修。又恰逢单位新分配一栋住宅，让出些非顶楼的旧红砖房。我自认为理由充足，便呈交了长达五页的调房申请，答曰等分房领导小组开会研究。之后苦等数月无果，某周五便小心翼翼走进了行政办，得到消息说会议下周一开。我自然兴奋，便于周末的两日，白天晚上喋喋不休，对着妻子憧憬换了房子如何用仅有的存款装修。适逢妻子正在资格证考试前夕，她被我不断骚扰，复习无效，先是冷漠不语，最终发火：“你烦不烦？房子换不换还未可知呢，就你这两文钱，再折腾你能掩住那赤裸裸的破红砖？”她的态度令我大怒，发誓不再跟她讲这事。殊不知，我数月的苦等只换来单位两个字：不调……又过了一段时间，家里漏雨处被修好了，我淡忘了换房愿望，妻子却在某周末夜和颜悦色地问我：“调房的事情有眉目了么？你原来打算那几千块钱怎么花？说啊，说到天亮我都听着！”我一下记起数月前那份幼稚和急切，两个人不由笑疼了肚子，心想房子不换也好，既不用再去低声下气求人，也不用伤精费神去凑钱装修。

从人生纵向看，烦恼必然与生活形影不离；从人间横向看，是人就总会有烦恼乃至愁苦。因此我常安慰自己，不管什么烦恼难关，总会随着时间推移成为过去，而且一旦过去就能迎来轻松和快乐，甚至是有过多大苦就换来多大乐。苦后而乐，这也许正是每个人尤其是普通人活下去的精神支柱。

某些年，我的职位是秘书，本职之一就是为领导服务。某次跟单位一位领导出差某厂，人家送了一花二白三个被套。回来后不敢擅自处理，悉数送进领导办公室。“我一个你一个驾驶员一个就行了嘛”，领导说完就去开会了。我便叫了驾驶员来，他自己拿了花的走人。谁知领导开完会就大发雷霆：“扯淡，是你拿走了花被套么？”我冷不丁闯了祸，口齿也不利索了：“不是我，是，是驾驶员……”说完离开，我的一个我一直没拿，领导也再未提起。

一日，在同事面前小声说此事，他也透露了一桩：他与某领导出差，夜下象棋，领导主动提出三打两胜，输赢一包“红塔山”。同事闻言，全力以赴三战捷胜。战罢正想享受胜利成果，才发现领导脸上早已晴转多云，只好知趣地离开领导房间。烟没拿到不说，第二天他一个小疏忽被领导纠准了，劈头盖脸挨了一顿臭骂……“你个傻逼啊”、“难道你不是啊”，我俩互相取笑着，一笑便没控制好音量，惊动了对门的领导，他竟然移驾过来，问我们有什么高兴事。我俩吓得起立，异口同声：“没有没有……”领导脸一沉：“这是办公室，以后别这么大声笑，扯淡！”我俩忍到领导离开，便又忍不住笑了，因为不敢出声而笑出了眼泪笑弯了腰。

◎ 只有心飞翔

曾在县里挂副职工作两年的时间，那是我一生最为“显赫”的日子：专车一张，秘书两个，一个人住一套三室两厅，办公室足有五六十平方，一个人坐在里面打电话，自己都听得到回响。

那时我已经是接近四十的人，单位所谓派“有培养前途的年轻干部挂职”的鼓动其实对我已经没有作用。我听话，去，是因为任务落到头上，老婆也说“去就去”。遵照网上流传的挂职干部“一点不干没有意思，干多了你啥意思，干一点意思意思”的“警示”，我一开始就给自己定了原则：低调做人，谨慎说话，稳妥做事。

有了原则，日子倒也潇洒。在了几个月，我就明确知道自己能干些什么该干些什么了。首先当然是开会：县里自己开的各种会议要参加不说，市里的会、省里的会，很多很多会都要我去参加。这倒不是说我有多重要或者能干，而是很多无关紧要不重要的会，本来该其他县领导参加的，都被安排给了我。在市里开会很轻松，因为我所在的县城就是市政府所在地，驾驶员一两脚油门，我下车就进会议室。到省里开会我最喜欢，因为可以回家了。这也是县长对我的人道关心，甚至每个副县长都投我所好，都把上省城开会的机会让给我。有一次，我开着这个会又接到秘书打来的那个会的通知，如此反复，我在省城接连开了一个多月会。我常干的第二类事情是接待。那时候，来自省里、市里的检查团很多，只要不是特重要或者是大领导率领，县领导中的主陪总是我。这也是当地领导的人性化做法，你孤身一人在此，多陪陪人，吃饭问题也解决了。我做的第三类事情就是逢年过节代表“四班子”去慰问，对象很多，老干部、老红军、困难户、军烈属、教师……慰问是政府送温暖，不是我自己的事。所以我被天天上县电视台的新闻，在中秋国庆或春节期间，我的出镜率要远远高过书记县长。当然，活是他俩派的，所以他们应该不会不高兴。

人到中年，过着这样的日子舒服吗？过久了就不舒服。最突出的是晚上，夜幕降临，我陪人结束，那时的县城大街空空荡荡，按当地的说法，大好的夜晚，男人都去喝酒啦，女人都去打麻将啦，只有我这样的闯入者，用大把的时间散步，每天走那几条同样的街道。县城很小，所在的坝子也很小，目光所及，四处是山，心有些空牢牢，寂寥着，根本不愿去面对白天忙碌过的事，也不愿去憧憬似乎看得见的“前程”，而是不知怎么就飞出了身体，飞回了回忆不完的过去……试探着，拨响家里的电话，妻子毫无例外在忙，忙那些本该两个人干却只有一个人干的家务事。我于是不敢多言，而是让心继续飞，一次次，一拨拨，想通多少人间事。

少喝点酒，要点成绩，安全回家。一个多年前认识的当地企业家真诚告诫我的心里话最后都应验了，两年后我准时回家，还好，身心健康。

◎ 灾难与人

这篇文章起意于2015年4月25日，当时我正好在古都南京，脑神经受的刺激有些乱：一大早，参观了南京大屠杀纪念馆，数字、情景不用重复，滋味无比难受；下午，徘徊于曾有无数人被杀害的雨花台，尼泊尔大地震的消息让手机叫个不停……

总觉得这几件事情是“风马牛”，又总觉得它们可以放在一起，说点什么。是什么呢？一时理不出头绪。5月，上旬刚过，云南昭通又发洪水了，洪水路过一个乡镇所在地，卷走了很多房屋，街面停着的小汽车悉数不见踪影；5月12日，中国汶川大地震八周年的日子，尼泊尔再次发生7.5级地震；接着，中国新疆冰川下移，数百户牧民的房子瞬间被山体掩埋，家园无踪；5月29日，印度近五十度的高温持续十多日，烤化了马路，导致一千五百人丧生；5月30日，日本小笠原群岛发生8.5级地震……真是灾难重重啊，我想说的不就是此么？在我们生活的地球上，灾难无非两个来源，简言之就是天灾人祸。人祸不用说了，自古以来人与人、派与派、民族与民族、国家与国家之间因为立场、利益、仇恨而产生争斗，给人类带来的伤害历史都铭刻着，比如南京大屠杀。天灾似乎更多：地震、海啸 、洪水、干旱、台风、瘟疫……每一种自然灾害的来临，都可以对一定范围的地球村民带来灭顶之祸。

今天，人祸的危害我们似乎可以不用再讨论，因为对人的自私、残暴、贪欲等魔性所带来的战争及其他互相伤害的行为，全人类似乎已有高度共识，千百年来也一直在互相劝导。那么，自然灾害呢？除了全人类共同努力，加强研究，面对巨大、可怕、无法无天的自然魔性，尽力防治或者消减灾难外，我们就没有责任可担了么？还是看看具体的事实吧。这两年，昭通地震、泥石流频发，全国闻名。为什么，作为云南人口最密集的一块土地，昭通生态破坏极其严重，早在二十世纪四十年代，作家艾芜就称其荒山为“光秃秃的病牛”……洪水、泥石流起于生态破坏，这似乎毋庸置疑。那么迄今为止成因最神秘的地震呢？绝大多数研究认为地震主要源于地下岩层的运动与板块碰撞，但最新的地质研究也表明，环境污染导致气候变暖，导致冰川融化，导致地壳负荷减小，导致岩层活动、岩浆喷发，还有，建水库、采矿采油采天然气等，这些都可能是地震、海啸之类灾害的诱因。

天灾无情人有过。天灾频发，地球村村民难辞其咎啊。人类该像反对战争、渴望和平那样，彻底反思、检点自己对地球母亲的恶行了。这也许就是我这个不懂科学的人想说的吧？突然想起，尼泊尔地震新闻有一条，说有个六十多岁的中国女性，1976年中国唐山、2015年尼泊尔两次大地震她都在现场而幸存，多好！她一定正在享受两次大难不死的巨大幸福吧？她一定会在有生之年，善待每一个相识不相识的人，善待每一滴水、每一粒粮食、每一棵草、每一口新鲜的空气吧？岂止她，我们每一个活着的人不都应该如此么？

◎ 真与假

我当过记者编辑，自以为很懂新闻工作。所以前几年临时在一个县下乡的时候，总爱对县电视台的新闻指手画脚。

春节刚过，县里的一个重要会议召开了，我坐在主席台下第一排，很认真地聆听会议的每项议程。其中，县里一位领导讲话，触及领导干部勤政为民的问题时，用普通话做着报告的他突然动了感情，脱离了讲稿。他说：同志们，我们一定要让老百姓吃饱穿暖，然后再帮他们吃好穿好啊，不然，老百姓搞不得吃，就会来搞我们……说话间，领导表情很肃穆，语气很坚决，手势很干脆。我听得热血沸腾，立马起身，问正在会场采访的电视记者录下来没有，对方示意我放心，说他们是全程录像，到时要哪段有哪段。

中午休息时，我召集了县电视台的领导和有关人员，讨论晚新闻的条目和内容，提出希望他们的报道能脱离枯燥的会议新闻模式，增加点生动的内容。“比如今早某某领导号召干部勤政为民那段话就很精彩，拿出来编辑一下，一分钟的新闻就出来了。”我说。当时，所有与会人员，包括亲自参加了会议的台领导都傻眼了，似乎不知我在说什么，看来他们没有好好听报告啊。我有些不高兴，便叫录像记者留下，我俩单聊。待众人离开，他开口就问我想听他真话还是假话。“我还是说真话吧！领导那几句话，基本上每年都要讲，意思都差不多，单独拿出来做一条新闻，老百姓看了怎么反应不说，首先参加会议的人就会觉得假。何况，有些领导自己就是说一套……”他说。“行了！”我立刻制止了他，但也猜想他说的是实情。话再说下去，尴尬的就会是我，我活跃会议新闻报道的想法只好就此作罢。

又过了两个月，著名的汶川大地震发生。天灾无情人有情，作为四川邻省，组织为灾区捐赠就是最大的新闻。第二天下午，我主动去县电视台审看他们准备晚上播出的新闻。录像里，在自发到民政局捐款的人流中，有两个引起了我的注意，一个是背上背着孩子、手里还拉着一个孩子的妇女，一个是没了双腿、人立在滑板车上靠双手移动排队的残疾人。多么好的新闻素材啊，“这条是哪位采访的？这两个人有没有单独采访的镜头？”我激动地问。“报告，没有单独的镜头。”走到我面前的又是那个年轻记者。“为什么？难道这两个人的爱心行动也是假的、装出来的吗？”我很是有些不高兴了。那小子学乖了，把我拉出了审片室。他告诉我，那两个人都曾上过电视，不过都是反面的，女的是外省来的“超生游击队”，跟老公在县城靠捡垃圾搭窝棚生活，县公安局遣送了两次，送走他们又回来；那男的从小失去双腿，靠小生意谋生，问题是没人嫁他，他曾嫖娼被公安抓过……“他两个都是领导头疼又是县城本地人认识的负面人物，能让他们在镜头出现我已经是大胆妄为啦！”那位记者很有主见地说。

在那个年轻记者面前，我一个老记者最终无言，又妥协了。我承认他说的有道理，可这一承认，新闻还能去报道些什么呢？我糊涂了。

◎ 品位

朋友从微信圈里传来一个链接，题为“看看你处在那一品”。我一看就笑了，链接中说，二十岁的男人是半成品，三十岁的男人是成品，四十岁的男人是精品，五十岁的男人是极品，六十岁的男人是次品，七十岁的男人是废品，八十岁的男人是展品……典型的网络文字游戏，无稽之谈，让我这个处在“精品”正往“极品”奔的人倒是乐了一秒钟，让孩子们或者已经退休安享晚年的长辈们看到，岂不是太打击自尊了？

男人的品位不能一概按年龄论之，而是由很多方面构成的。

首先，男人作为社会的一分子，为人的品质是首先要考虑的。“人之初，性本善”，老祖宗的遗训已经说得明明白白。男人品位，以善者为佳，善而能兼济天下为上品，善而独善其身为中品，不善必害人害己为下品。其次，男人号称男子汉，担当精神必不可少，对社会、对他人、对朋友、对家庭、对亲人，担当多少见品位。其三，男人为阳，特别针对女人见品位。有句话说，不好色者不是男人，但怎么好色决定你是什么男人。有道德底线的男人自会正确对待色，没有道德底线的人必然乱于色。品位高下，自在道德高下。其四，男人是人，思想决定品位。思想并非神秘莫测，它就是学识，它就是主见，它就是作为，它就是个体与时代、社会相和谐的独特光芒。

如此说来，一个男人活在世上，金钱和地位就是决定品位的次要因素了。我们当然不反对有品位的男人光明磊落、合理合法地追钱逐权，因为那是锦上添花的好事。试想，一个善良的男人，一个有担当的男人，一个有道德的男人，一个有思想的男人，如果靠能力当了个领导，或者靠努力发了财，那他不是极品男人谁还能是？问题是，钱和权，在当今社会往往能混淆善恶、弱化担当、沦丧道德、腐蚀思想……所以啊，决定一个男人品位的因素第五项是对待钱和权的态度。

说到这有人会问，谁能不爱钱和权呢？在我国还真有。杨善洲就不爱钱，不仅自己不爱，还教育所有家人别爱，价值数亿的山林他眼睛都不眨就留给了大地和国家；曾贵为总理的朱镕基就不爱钱，他透明严格地管理子女，还把自己著书的稿费几千万全部捐献；我有个朋友就不爱权，他靠自己做生意成为当地富翁，捐了很多钱用于教育，但却婉言谢绝了到政协任领导的邀请；最典型的是，每一个香港或澳门的特首都不能爱权，因为高度透明，因为高度法制，因为广受监督，责任远远重于权利……可惜的是，如今正面的例子还不多，反面的例子却太多了，尤其前些年官场的某些人，品位二字最好就不要提了……不说也罢，你懂的。

◎ 寓言

冷笑话说，狐狸和狼做夫妻，两位都干了许多贪赃枉法的事情，结果被上帝判处一死一活。两位无奈，只得以“石头剪子布”确定谁死谁生。结果，狐狸输了，吃了子弹。狼抱着瘦小的死狐狸失声痛哭：“你咋回事啊，不是约好了同时出石头么？我心甘情愿出了剪子，你干嘛非要去出布啊。”故事真“冷”，听完打哆嗦：欲牺牲自己的狼活下来了，却也知道了狐狸本欲置他于死地的痛苦事实；狐狸被自己的自私害死了，死了也不知道狼本来要把生的机会让给她……

如果，仅仅是如果，把狐狸和狼看作是一对合法夫妻，他们为什么会走到这一步？我猜想，依狼先生最后的表现，他二位的过去至少存在三种可能。

我当然愿意设想他们曾经是一对情投意合、同甘共苦的夫妻。他们或许就是一对普通人，不管出身寒微还是显赫，都有过美好的憧憬，有过努力的奋斗，有过正常的苦中有乐的生活。当然，他们是幸运的，赶上了好的时代，奋斗能转换为地位，地位能为很多人仰慕，他们成功了，走到一个三岔口，左边是感恩天地、回报社会，右边是自私自利、追名逐利。狼先生和狐狸小姐，他们选择了后者，良知、道德逐步迷失，爱情也在“染缸”里灰飞烟灭，他们的命运都被自己注定为“伸手必被捉”，只是到了最后一刻，狼先生可能醒悟了，爱情复燃了，才有了两位的不同选择和结局。

我也愿意设想狼本来就是一个好狼、好官，他为官正直，年富力强，勤奋廉洁，获得了信任和重用。这样，问题也许就出在狐狸身上了。她或许是个天生贪婪的狐狸，嫁给狼就是看中狼能给她带来荣华富贵；她或许是个年轻貌美的“侄女”，某日迷惑狼做了“小三”，随后又用手段“转了正”，而且也在狼的关照下当了官有了权钱；她也许本是别人的老婆，有点姿色有点地位，为了“往上”而主动出击，勾引了狼先生，最终也成了夫人。在这个假设里，狼先生有些被动，他得到了貌美的夫人，因为爱她而被她牵着鼻子走，把自己也给毁了。

我最不愿意设想的就是两位根本没有感情，结为夫妻的目的是互相利用，这种假设的可能性就很多了，这里展示一种吧。狼出身寒门，只是帅气有才，他千方百计把狐狸追到手，只是为了借她家的势力摆脱穷寒，及至目的达到，他变了，他行贿受贿、买官卖官，在外面玩女人、养小三，把狐狸小姐伤透了；而狐狸小姐呢？她既然出身高贵，就必然有自尊心，有自己独立的天地和地位，为了颜面也许不愿离婚，但也同样在贪赃枉法，同样养“小白脸”或做了地位更高的比如老虎的情妇……如此，两位都是彻底坏了心的人啦，互相的背叛早已习惯成自然，狼先生最后一刻选择出“剪刀”，可能是顾虑狐狸死了她家人不会饶他而做出的无奈之举。

哪位说了，所有的设想都是没有意义的，说不定过程比这更复杂呢。没错，不管是不是来源于现实，笑话毕竟都是笑话。真要较真，我们可以说在结局里狼的选择要更汉子些，但那是因为他本来就是雄性啊，狐狸不汉子，因为她本来就不是汉子。在“森林”里，坏狼多，坏狐狸也多，一丘之貉，都该死。

◎ 夺命

标题有些吓人，且容我从头道来。

2015年4月，我随一个亲戚去他农村老家参加他父亲的葬礼，见到一个有些苍凉的情景：两百多户人的大村，按风俗“做客”的都是些老人孩子，那些在厨房、墓地帮忙的青壮年是朋友花钱从县城雇来的，本村的青壮年男女，据说全都到远方打工去了。

5月，偶然在一部电视连续剧里看到了一个凄惨的故事。一个山村女孩，父母远去京城“淘金”，她被寄养在别人家里，承受不了孤独和对父母的思念，先是喝农药自杀，被救活，接着又轻生跳河，被美丽的支教女老师发现，下水救她，结果她上岸了，女老师却被水草缠脚，永远离开了人间……看完不好受，又想世间不会有这样巧的事情发生，没往下想。

6月中旬刚过，网络上一个悲惨的消息疯传：贵州毕节，一家留守的四兄妹集体喝农药自杀而亡，最大的哥哥13岁，三个妹妹分别只有9岁、8岁和5岁。事发的时候，他们的父母都在外地，家里没有任何大人，四个孩子都喝下了敌敌畏，老大还在死前留下了简单的遗书：“谢谢你们的好意，我知道你们对我的好，但是我该走了。我曾发誓活不过15岁，死亡是我多年的梦想，今天清零了。”聪明的男孩，可怜的男孩，仅仅13岁的男孩，他竟说死亡是他“多年梦想”，对此我们只好无言？

农民工大量进城务工是二十世纪九十年代以来的事，他们对社会和家庭经济的贡献是有目共睹的。可随着时间的推移，这种大规模的自动人口迁移引发的问题也逐渐暴露：村空了，作为农业大国的中国，大量农村土地歉收或荒废；家空了，老人无人照顾，孩子缺少父母疼爱、教育；城市交通拥挤了、治安案件增加了、各方面的管理难度加大了，就连跟随进城的农民工子女也不安全，经常发生孩子丢失、被车撞伤、上学困难之类的事情……到如今，都发生震惊神州的人命事件了，这不是“夺命打工”是什么?

问题发生了，就必须面对和解决。新闻说，四个孩子的死惊动了中南海，国家领导批示不能再发生这样的惨剧，贵州省政府也立刻发了文件要求建立留守儿童动态管理机制。可以想象，政府、社会对留守儿童的关注力度会越来越大。然而，我们都知道，已经成为社会问题的事情，又是涉及千家万户“家家有本难念的经”的事情，单靠政府或者社会是一下子很难解决的，根本的解决办法还在于农民工兄弟自己处理好打工挣钱与承担社会、家庭责任的关系，面对如下几个问题：第一，打工挣钱是你们活着的惟一目的吗?第二，如果不是，打工挣钱的目的是什么?是不是为了全家人的幸福?第三，有统计说中国留守儿童总量有六千万，一年见不到父母的有近千万。假如你们都为了挣钱常年不回家不管家，将来父母都老死了，孩子都不能健康成长，或者像那四兄妹一样出了问题，你们的辛苦努力还有意义吗?

其实，这些问题的答案都明显得不用回答。关键在于，四兄妹的悲剧是否警醒了广大农民工兄弟的心。因为只有他们清醒了，重视了，对家庭不管不顾，或顾此失彼的“夺命打工”才会变成有责任有担当、统筹兼顾的幸福打工。

◎ 手机时代

前些年，作家刘震云曾写过一部小说叫《手机》，讲的是手机短信泄露婚外恋秘密，引起纠纷的故事。小说拍成了电视剧，看的人很多，据说许多夫妻都开始偷看对方手机，人间不知因此惹出多少无法知晓和统计的事故。这两年，手机更厉害了。人手一个，大街小巷，城市乡村，恐怕只有老得眼睛耳朵不正常的老人、婴幼儿不玩手机了。而且，手机功能扩展了，除了传统的打电话发短信，上网功能、游戏功能、拍照功能、购物功能、以微信为代表的各种社交功能应有尽有，老以前人们是无法想象足不出户知天下事，现在只要一部手机在手，似乎是想知道什么都可以、想干什么都能干了。

手机太普及，矛盾自然也就多了。本来，现在手机生产商那么多，买个手机不是什么困难的事。但手机跟人一样也有贵贱，人又刚好是虚荣心特别强的动物，许多人的烦恼就跟着来了。最典型的是，美国人的“苹果”像砖头一样砸进国门后，好多人都被砸晕砸疯了，孩子逼爹妈买，女友逼男友买，妻子逼老公买，这些似乎都还是正常的。不正常的是，很多有权利的人开始用公款买手机，发票堂而皇之写上“办公用品”来报销，或者跟客户、企业打声招呼，苹果手机也就有人送来了；再者，一些没有老公、男朋友也没有权利的女性为了苹果打起了自己身体的主意……然而，“为苹果疯”的人没有想到，拿到一个苹果，更大的烦恼还在后头。要知道老美“坏”得很，他们不断给产品升级，如今都要出到“果7”了。拥有苹果的人，喜悦心情没维持几个月又“落伍”了，在“果7”时代倘若你还拿着个“6”甚至“5”，那你不但得意不起来反而还会有丢人的感觉，苦恼无边啊。

其实，手机时代最大的问题还是手机成瘾，不是有句网络名言吗？“人生最大的悲哀不是距离遥远，而是你我就坐在一起，却各自玩着手机。”君不见，在办公室，上电脑聊QQ的已经是老土了，大家上班第一件事就是连接“wifi”上微信；在饭桌上，高谈阔论侃大山的人少了，大家都在低头看手机；在教室，老师的课更难上了，学生把设置弄成静音，一节课不看几次手机的都是最乖的孩子；在大街上、公交车里、地铁上、飞机候机厅，不握着手机玩的人似乎才是不正常的人……世界怎么了？因为手机而对面不相识、因为手机而相识也不交流，因为微信而有事也不打电话，因为游戏而有事不做有饭不吃，因为自拍而忽略了其他人的美。悄悄地，人变麻木了，反应也变迟钝了，世界变小了，人与人、人与周围事物的交流少了，有开车玩手机肇事的，有走路玩手机摔跤的，有玩手机被骗了还浑然不觉的，有玩手机的孩子学习一塌糊涂的，有夫妻玩手机感情破裂的……世界全被手机“控”了，人是奴隶，手机反客为主了。

多么可怕的情景啊，还不说手机辐射对人体的伤害、废旧手机对环境的污染、手机流量浪费掉的财富等深层次的问题呢。只希望迷恋手机也是一阵风，大家玩几年也就不玩了。但这可能吗？谁也不知道。

◎ 行路难

亲戚的儿子二十多岁，研究生了还不会开车。这个暑假听说驾照学费下降了许多，便早早就去报了名。

学费果然不贵，连考试费才四千多，比前两年便宜多了。可从考理论开始，问题就一个个出来了。按车管所规定，驾驶理论考试90分为合格，可这个标准驾校不认，声称为了对学员负责，理论凡考不到97分以上者，即使合格了，也要每少一分缴纳一百元钱给驾校。研究生不敢怠慢，对着电脑上的题库，苦战了好几天，临考还是不小心考了95，合格了，回驾校交了二百元罚款。

有此经历，他对科目二的考试更加重视了，积极主动，按教练的要求超额认真练，还被拉到驾校在县里的基地，吃住在驾校老板开的宾馆里，训练了三天，临考前，又每小时花一百多，租了考点的场地练习。尽管这样，担心的事情还是发生了，他上了考试车，发现驾驶位的座椅不稳，要求换车，考官不予理睬，只好硬着头皮考，一把倒库，警报响了，没过。考官过来胡乱固定了一下座位，又考，还是没过……回到驾校，教练很意外地和颜悦色，说考点很“黑”，拿破车当考车是常事，要他不必急，好好再练。

接下来的故事很搞笑，驾校莫名收取近千元，说是补考费，接着驾校练习、基地练习、租考点练习一一再来一遍，临考前，教练主动跟他说，这次联系到的考点更“黑”，考试车很破，坑苦了很多考生，曾经被媒体曝光……他糊涂了，教练怎么不是鼓励他而是吓唬他啊？既然那个考点不好，干嘛还让学员去那里考呢？轮到他上场的一刻，发现考官果然态度很差，考车开起来也很费劲。他心情不好，心里特别紧张，五套动作，有一套做坏了，又没考过。后边的事情不用叙述，教练依然好言安慰，不断再交钱，再重复。

轮到第三次考试，他是发愤努力，把枯燥的科目二练了个滚瓜烂熟，心里还是没底，考试前，驾校不但租了考点场地，还租了考试车来让他练习，当然，租金也是按小时论，很高。只是，教练不再吓唬他，而是说这次的考点车况很好，鼓励他自信，一定考过。结果科目二终于过了，接着练习路考，去了两次驾校基地。两个月后，小小的蓝本子终于到手了。算算，花费是驾校标价的几倍不说，时间比驾校当初承诺的多了将近一倍，影响了硕士生的刻苦计划。这还没完，拿到驾照他上私家车，竟然开不利索，原来教练车跟普通车是不一样的，没办法，朋友又花钱高价请了陪驾，孩子总算学会了开自家的车。

学个驾照怎么就这么繁琐还这么没用呢？驾校想尽办法牟利还可以理解，隶属国家机关的考试点怎么也那么不靠谱？大人、孩子都搞不懂中间究竟是怎么一回事。然而，在中国，会开车的人都知道，拿到驾照、学会开车，各种烦恼也许才开始：审车、审驾照，买保险、上税，城市的拥堵和泊车难，不断变化的道路指示，各种陷阱般的罚款，简单粗暴的扣分，走在路上你不碰人家人家碰你的烦恼、纠纷……可以说，前路遥遥，在国内开车之难，难于上青天，得耐着十二万分的性子，慢慢来。

◎ 冷暖自知

天气预报告诉我们，今日气温接近零度，是入冬以来最冷的一天。

果然冷。早晨七点半打开家门，一股寒风又把我堵回家里加衣服。妻特意围上了前几年我送给她的围巾，猛地让我心中一热。在走廊上瞅见，邻居女人的裘皮大衣终于派上了用场，裹着她马靴声声、意气风发而去。前不久，还听她在我们家报怨，说昆明的暖冬是她那件大衣的不幸呢。

送儿子上学的路上，我取笑儿子穿得像头绵羊，他不以为然："我算啥？我们班早有人三件毛衣一件羽绒服了，爬到二楼就喘气。"雾色蒙蒙，学校的门口，儿子跳下车走了，我看见冷风中的小学生，有的坐小汽车来，有的坐大公共来，有的走路来，都穿得够"绵羊"了，再加恐怕教室的小桌椅就支撑不了啦！

对于城里的大人孩子来说，天冷，可能只有怎么在多穿的基础上穿好看点的问题，身上的衣裳厚点薄点，贵点便宜点，总归是够对付的。那么，谁对寒冷的日子最恐惧？

老人，"老牛老马怕过冬"的老人。

穷人，衣不遮体食不果腹的穷人。

有一次，我曾开玩笑说岳父穿得太多，怕有十公斤了。岳父坦然承认："管他妈几公斤，穿多点总比冷病了报销掉好。"他扳起指头告诉我，入冬以来，他的老伙计已"报销"了三个，其中两个年纪都比他小。我一时哑然，自古冬天都是老人的克星啊，说不定等我老了，状况还不如岳父呢。那么我们做儿女的，有几个能从身体到心灵关心老人的冷暖？尤其是那些贫寒家庭的老人，他们吃饱肚子都成问题，他们的儿女又如何保证老人白天能穿暖和，晚上能盖上不至于睡着发抖的被子？老人有多冷，还不是只有他们自己知晓？自己能顶就过去了，自己顶不住就过不去了，这或许就是冬天丧事特别多的原因。

那些年，单位每年都要组织向贫困山区捐衣服钱物，几千人上班的大院，衣服一下就堆了一个大厅，统统要求七成以上新，整整齐齐用编织袋捆扎好，浩浩荡荡拉出大门。这些衣服会拉到哪里？能不能解决那些真正贫困者的一点点问题？一位在贫困县当过副县长的同学跟我讲了一个笑话：某个冬天，他所在的县组织向山区捐助。他带去的衣服不多，只好忍痛割爱，将身上穿的呢子大衣和皮夹克献出。又过了些日子，他跟县委书记下乡，那个乡的领导来迎接。他下车一看，乡党委书记穿着他的皮夹克，乡长穿着他的呢子大衣，正笑容可掬地等着跟县领导握手呢。

这个故事告诉我们，真正的好东西是落不到最底层的，旧衣服还可能，要是钱就更难说了。只好说，乡镇干部之于副县长，也算得上是相对贫困者了，他们穿上县处级干部捐赠给农民的衣服也许说得过去。可就在捐赠者的行列里，有多少县处级以上干部？有多少人家里就那么宽裕？我们每年捐衣捐钱，每年心里都清楚，捐了，寒冷的人们依然寒冷。

他们有多冷？能不能挨过这个冬天？这个问题当然只有他们

知道。这年头注定有人在吹着暖风的敞亮房间里花天酒地，不管是花公款还是花私钱都一样心安理得、不眨眼睛；同时也有人在四壁漏风的破屋里冷锅冷灶、饥寒交迫，不管他一年四季卖不卖力都无济于事。

记得，我小时候过冬，最多也就是三两件旧单衣叠在一起穿，冷急了就蹦蹦脚搓搓手。1982年我15岁，在县城上学，放寒假遇大雪封山，班车停开，我在公路边好说歹说搭上一辆拉猪的货车。在钢筋做成的笼子里，猪在下层哼，我在上层抖，单薄的衣服在漫天飞雪中、在无遮无拦的北风中如同裸体。开始我还大声唱《北国之春》，问"我的姑娘可安宁"，感动得猪们都噤了声。漫长的几十公里后，我只剩眼睛还会眨……

我那时之冷，谁又知道？可我还算好的了，起码活了下来，上了个大学在城里安了家，自己能穿暖了，偶尔还能把活着的父亲或岳父岳母接来小住，带他们去大排档打打馆。而我小时候跟猪搭伴的事，说给儿子听他只会哈哈大笑。事隔二十多年，那年回老家，有个乡镇中学的老师告诉我，有学生周末回家背口粮，路上突遇大雪，又冷又饿，有两个一头栽在雪地里便永远没爬起来。他们被冻死了，怪谁？怪不了谁，世间也没几人知道，只有他们同样瑟瑟发抖的亲人会为他们悲伤。

不是么？有钱有势的人嚣张，一无所有的穷人可怜，高不成低不就的人为生计忙忙碌碌，谁又能顾得了谁？所以，茫茫人世，冷暖自知，惟有自珍自重、自我保护才能活——在这个寒冷的冬日，我把这句话献给世间所有的人，尤其是那些在冬天没有衣服穿的人。

第四辑

湿竹暗浮烟

前几年，银杏不干了。一枝粗芽，冒冒失失破土，从根部钻出来。我见那势头，不敢怠慢，很舍得地腾空一个两尺多高的土茶坛，用电钻在底部打了个洞，增添许多新土，隆重地把银杏树安置了进去。知恩图报的它啊，从此郁郁葱葱，叶大枝壮，隔年又冒新芽，到如今，都长成四五根主干一样粗的“小树林”了。

——《四颗银杏》

◎ 翠湖的青春

昆明城里有一只“眼睛”，它的名字叫翠湖。翠湖很小，围绕着走一圈也就几十分钟；翠湖很大，我大半生的记忆里似乎都有它。

翠湖北路1号，昆明人都知道那是云南大学。云南大学曾有个教授，叫赵仲牧。赵老师讲课，从来不带讲义，也不写黑板。他一杯茶、一盒烟、一个打火机，放在讲台上，人坐在旁边，眼睛半闭，信马由缰，信口开河。他教美学，讲到极致处就爱拿翠湖说事。我们便知道，他要开始朗诵自己初恋时在翠湖约会写下的七律了。那时候他眼睛闭了，仿佛翠湖就是他的眼睛，保存着青春时代的全部羞涩与冲动。他背，也诠释，我们都安静地听，生怕一声咳嗽惊扰老人的内心那股溪流。赵仲牧，头花花白，一生未娶，因为初恋太美，美得像艳丽的昙花，梦还没醒就失去。他说，他的青春，是翠湖里一根冒了芽但还没绽开就被风折断的柳枝。

除了赵老，我还知道另一个令我钦佩的老人的青春与翠湖有关。“1939年夏天，我来昆明考大学……几乎每天都要到翠湖”，这是汪曾祺先生几十年后在北京写的一篇文章，但其中老人没有用“去昆明”而是用“来昆明”，而且“几乎每天到翠湖”，足见他的翠湖情节非同小可。汪老笔下的翠湖是这样的：“昆明和翠湖分不开……没有翠湖，昆明就不成其为昆明了。

翠湖在城里，而且几乎就挨着市中心。城中有湖，这在中国，在世界上，都是不多的。说某某湖是某某城的眼睛，这是一个俗得不能再俗的比喻了。然而说到翠湖，这个比喻还是躲不开。只能说：翠湖是昆明的眼睛。” 那么，年轻的汪曾祺在翠湖干了些什么呢？“一进了翠湖，即刻就会觉得浑身轻松下来”，“除了到昆明图书馆看书，喝茶，我们更多的时候是到翠湖去‘穷遛’。这‘穷遛’有两层意思，一是不名一钱地遛，一是无穷无尽地遛。”他的笔下没有提到爱情，但提到了生活的压力，提到了一方湖水对愁苦的稀释。让我觉得，汪老乱世的青春，就是倒影在湖水里的一朵飘忽不定的云。

赵老师和汪先生均为名流，我的翠湖记忆不敢与他们比肩，只能说深深受了他们影响。二十世纪八十年代末，翠湖还收门票，所以我们不但只能到翠湖“穷溜”，而且不入园，只走环湖路。那时候，星期六的夜晚经常是不想睡觉的，几个人瞎逛，不管从哪个方向都会转到翠湖，然后绕圈走，最多的时候一口气走过五圈，走到深更半夜，走到街头像老家的山路，见不到人影。关于爱情，我只是某夜拿刀在湖边树上刻了一个字母，那是我思念着的在别处的某个女孩的代号。然后，毕业聚餐那天，我们喝了啤酒，五个人去翠湖转圈，有一个推着当初花二十元买的旧单车，链条特响，我们四个合谋，把他的单车强行扔到湖里了。

也许是宿命，工作后上班和居住的地方都离翠湖不远，常常路过。想起那辆旧单车，就觉得罪大恶极对不起这只“眼睛”；又想起刻过的字母，树还在，刀痕早就找不到了。想说，沉在湖底的单车，或者无影无踪的刀痕，它们都是我的青春。

◎ 南空

1991年，单位安排同住的两个同事搬走，把一套用作集体宿舍的房子分给了我。房子两室一厅，西晒，夏热冬冷，雨季还漏雨，这是后话。我自己买来石灰加水，把所有墙面粉刷一遍，买来白漆加几滴红漆，把本来是绿色的墙裙漆成了粉红色，又花了二百多块钱买了三大块地板胶铺在地上，装修结束，我结婚了。

现在回到书房吧：昆明东郊，某某小区某栋，七楼，从一楼爬96级台阶后开锁，穿过狭小的客厅进右边的门便是。它不足十平方米，应该说很小。但那时除了我经领导默许，从单位废旧仓库翻得办公室淘汰下来的一桌一椅一个笨重的厚木头书柜外，再无其他家具。故事于是开始了：四壁之中，西临窗，摆桌椅；东生门，要进出；北立柜，装满书；剩下南壁完整，空荡荡显大，成为两人的一桩心事。

最初，我们在南壁地上放了一纸箱，纸质特别好，棱角特别明，体积也够大。那是我家最贵重的山茶电视的包装盒，舍不得丢掉，把书柜容不下的书全装进去，上面盖了一块玻璃。好多个周末，两个人各蹲一端，在上面下棋。

纸箱半年后始不顺眼，原因是她时常要穿过书房去小阳台晾衣，来回走动不便，有一天竟然被绊倒。借此，又花二百多新增一书柜，并在北墙。下了狠心，纸箱送给废纸贩子，因为太大被他从七楼直接扔下去，“嘭”地一声，心竟跟着一沉。

南墙空着，总觉得不是个事。几经周折，于书店购得草书印刷品一幅，宽六尺许，高尺二，抄板桥《道情十首》，其笔迹瘦长歪斜如春风中的柳条，上墙后在书房物件里似鹤立鸡群。那时，工作需要我经常加班写文件，可书桌边的我老是频频扭头去看草书，翻来覆去认不完字。终于有一天忍不住，千方百计找了诗稿，面壁许久，逐字对应。她见状大笑，说我体重不足一百斤，与瘦字同病相怜。

此后约有一年余，南壁下增加了一盆兰花，是我去某地锻炼带回。起初不懂，天天给水。养了一二月，连买的时候就长出来的花苞都枯了。向单位老同志请教，说水泼多了，兰花耐旱，怕水。1993年9月，两个人坐着火车去了西北，十几日后满脑子黄沙而归，草书一角自动脱落，自己撕破了，耐旱的兰花也因为没人浇水，死了，那棵草可是花了我整整半月工资啊，心疼。

伤心之余 ，仍然坚持补白。钉钉，弄了一本次年的油画挂历挂上。封面曰池塘，水绿得发黑，小路拐入林中不见，有些阴沉。元旦前翻篇，铁钉忽然掉落，白墙上露出一个沙洞，我慌忙挤了些牙膏敷上，方不很显眼。

自此，南壁再未入物，心里再无牵挂。

◎ 秋叶如刀

昆明的四季，是完全不可以用时间来划分的，这是因为气候过于温和，麻痹了空气，也麻痹着人，让时间的流逝全在不知不觉中。这不，国庆都过了，雨还是该下就下，雨停了气温还是二十好几度，人还穿着T恤过夏天。

上班路上，每日驱车经过莲花池正街，在与一二一大街交叉处排队等红灯。路熟，车经常开得心不在焉，一曲王菲的《致青春》仿佛才是我的正事，不知听了多少遍。这日，心柔软着，依然泡在故去的青春里，听见挡风玻璃一声闷响，如被重物击中，声音之大，盖过了音乐。我被吓了一跳，顾不得后面汽车疯狂催促的喇叭声，下车检查，玻璃无事，再顺着引擎盖往下，只找到一片梧桐叶。

那是一片在叶子中堪称大个头的落叶，叶面已基本黄了，叶柄还绿，又长，我断定它就是一声闷响的始作俑者，它旋转而下，柄头直击玻璃，响了，也把自己折了。我把它带上了汽车，听见骂声不断从后面传来。我明白自己失态了，没有谁知道，我的左边是民族大学，右边就是母校云大的教学区，我是被一片落叶打晕，夹在记忆里出不来了。

在我的印象里，莲花池正街全线贯通不足十年，也就是说，以前是没有这条街的。我上大学的时候，民院，也就是今天的民族大学门口只是一条几十米深的巷子，两边是鳞次栉比的小铺子，夜晚的街道上再加密密麻麻的烧烤摊。我那时不知道白天不见踪影、夜晚如魔术般出现的地摊从哪里来，但我知道吃烧烤的有云大师大昆工民大的学生。那时候社会上有传闻："云大是情场"——恋爱猛，"师大是舞场"——跳舞疯，"昆工是战场"——打架凶，"民院是会场"——活动多。几个学校的学生"侧重点"不同，但无疑都爱吃三分钱一块的烧豆腐、爱喝一块钱一瓶的苞谷酒。莲花池正街，因此有点像"经济联合体"，几个大学的菜票通用，"汇率"均与人民币一比一。

我也在那里的烧烤摊喝过酒。记得，有一次买了酒，剩下吃烧烤的菜票就很少了，几个人干喝，晕得很快，有人提议去莲花池，摸摸淹死大明美人陈圆圆的水，便不知谁带的头，穿过铁路乱钻，没找到水，还迷路了；记得，那年秋天，前后几天来了几个不同年代毕业的师兄，轮流请我们吃宵夜，一群自以为是诗人的人，有人沾酒就来劲，旁若无人高声唱，有人闷头喝酒，醉了就睡在旁边，有人滴酒不沾，但可以高谈阔论一晚上；记得……似乎都记得，仿佛是昨天。若不是这片落叶，我都忘了自己离开大学已二十多年。

"秋叶如飞刀，让我再一次感到危险"，这就是那片树叶送给我的诗句。这样写着，我绝对没有责怪树叶的意思。风吹叶落，非风无情也非叶脆弱，盖岁月流逝也。我本来是热爱秋天的，小时候喜欢的是收获季节的富足，长大了喜欢的是苦尽甜来的轻松。什么时候开始，秋天来得也太快了，让人猝不及防，又老一岁都不知道。怪不得，我这些天那么爱听青春的歌。青春早没了，人之将老，但我们还有很多事情等着做，仍需努力。

◎ 四棵银杏

1990年，参加工作没几天，约了王骑单车去郊区苗埔，每人花三十大洋买一盆拇指粗的银杏来养。我俩约定，两株盆景都放在我单身宿舍里，他想看就来我宿舍看，等到他娶媳妇，再搬走。王果然跑得很勤，银杏都被造了型，各有模样，百看不厌。重要的是，银杏叶没有过几个月就如期黄了，我俩每天看它落到地板，然后捡起来，谁看着顺眼就夹在书里当书签。这个动作，几乎已经成为习惯了。之所以在工资一百多、还不够买肉吃的时候就舍得买盆银杏，完全是因为大学母校有一条银杏道，还因为系里有个同名文学社，我当过社长。

两盆银杏，终于在两三年后因为王的结婚而分家。那天，他来搬树，问我搬哪盆，我说随便。其实我们都知道，经过我几年的侍候，两棵树都长粗了，但必然有一棵更好看些。见我不表态，他狡黠一笑，厚着脸皮抬起好看的那盆就走了，害我站到阳台发了好大一会呆，似乎双胞胎的大儿子被人拐走了。自然，留下的“小儿子”，被我越发爱护，那年眼看也要黄叶了。没想到，被派出差，只留老父亲在家。我回来，银杏叶不是黄，是发白干枯了。原来父亲也很爱护，天天浇水，银杏被淹死了。心疼是自然的，才明白为什么一个朋友为什么要在他家的狗死了的时候眼泪汪汪，处久了，连一棵树也会依依不舍啊。

时间一晃到了1999年，昆明世界园艺博览会，我奉命采访中国的甘肃馆，进去就看见里边密密麻麻排列了几百株银杏。工作人员自豪地告诉我，银杏不独甘肃有，可甘肃的银杏叶子最大。我仔细一看，可不是吗？那些幼苗都还没有筷子粗，高不过一尺，可长出来的叶子却足有半个巴掌大了。厚着脸皮，讨要。工作人员不好意思拒绝，给了两株，我出得园门便往家里奔。

之后数年，应了那句“上有老下有小”的古语，我忙得晕头转向，不知怎么的，银杏苗不仅不见长，还枯了一棵。这事情吓到了我，觉得自己不该忙到连照顾一棵树的时间都没有。我怕剩下的一棵再出问题，干脆把它送到岳父家里，让他代劳。岳父养了一辈子花，半年后果然让幼苗变样了，换了大盆，充实了腐叶土，还修剪了多余的枝，整棵树长得像个绿球，模样十分乖巧。便顾不得老人感受，我很小气地把它搬回了家。每年春天，在它萌发时都要守着每根新枝，冒了叶子便掐断嫩尖，意思家里阳光空气不够，只希望它往粗处而不是高处长。

前几年，银杏不干了。一枝粗芽，冒冒失失破土，从根部钻出来。我见那势头，不敢怠慢，很舍得地腾空一个两尺多高的土茶坛，用电钻在底部打了个洞，增添许多新土，隆重地把银杏树安置了进去。知恩图报的它啊，从此郁郁葱葱，叶大枝壮，隔年又冒新芽，到如今，都长成四五根主干一样粗的“小树林”了。我也按自己的想象给他们造型，但不敢过分强扭——都请到家里快二十年的客人了，它的平安就是全家人的福啊。我还想着，将来我老了，白发苍苍，它必须依然伴我，儿孙来时，我便指着它对孙子炫耀：瞧瞧，它的年纪，就比你爸小一点点。

◎ 醉

从这一点说我小时候算是个坏男孩：五六岁我就偷偷拿家里八分钱一包“经济”牌香烟抽，而且有一次被父亲发现了，只是他装作没看见。

父亲就是这样一个人，只要不伤天害理，他就不管你，甚至，过年的时候，他还特意把一双筷子插在酒杯里，然后伸过来让你含，辣得你直咳嗽，他哈哈大笑着，扔一包经济烟在你旁边，而且朝你做鬼脸。他的纵容，直接诱发了我更大的欲望，把目光投向了他的旱烟管。那时他的烟管有两根，一根五六寸长，随身，一跟三四尺长，回到家里才用。我尤其羡慕他人靠在墙边，长烟管斜杵在地上吞云吐雾的样子。什么时候，大人全下地了，家里只剩我一人，机会来了。我自己裹了一根旱烟，插进烟斗，然后潇洒地划亮一根火柴，插进旱烟里，一切动作都是模仿父亲，人随即含住烟嘴，一口深吸。浓烟如期而来，从我的嘴里冒出，又吸了一口，苦涩辣呛的滋味是我从没想象过的，几声咳嗽之后，我的五脏六腑像着了火般灼痛，四肢无力，头晕得似乎要掉下来。咬紧牙关，我自己钻进厢房的草堆里，之后便什么也不知道了……结果是，我缩在草里睡到第二天才醒，家人找不到我，乱了套。

一辈子就吸过两口旱烟，差点醉死了，应该讨厌吸烟了吧？没有，旱烟不吸，香烟却“坚持”了下来，真是陋习难改啊。稍微大些，我还学会了喝酒，只是至今也不常喝。大学毕业那年，我被一个同学带回家里吃饭。他是当了工人又考上大学的，那年他和二弟同时毕业，而且都找到不错的工作。他爹高兴，晚饭就怂恿我们三个人喝酒，说要看看我们在他的眼皮底下醉一次。四个人，两瓶白酒，他爹喝得少，剩下的三人平分。酒喝完，饭还没吃饱，就都倒了。听见他妈骂他爹，他爹大声笑着，把我们三个拽到同一张大床上。后来的几个小时，我不吐，不闹，只觉得头痛欲裂，天旋地转睡不稳，更睡不着。就那样清醒着，硬挺了几个小时之后，我们三个开始在床上说话。他爹听见声音走进来，一人递了杯凉开水，喝下去，竟然就都爬起来了。他爹说，三个都挺得住，不发酒疯，酒品见人品，都不错。夸奖是得到了，可我也知道了醉酒不是好玩的，心里告诫自已，这辈子最好别再醉。这话说了放着，也就放了二十年，终究还是醉了，在一个不得不充汉子的场合，以为杯子很小，一杯接一杯，不知多少杯以后当场倒下，被朋友拖回住处，自己什么也不知道，却害得别人守了一晚上。

不论烟酒，我把三次大醉统分成两类：大学毕业那次正是身强体壮，所以人能跟酒精对抗，痛得明白，而童年和四十多岁醉那两次，一醉就“死”，完全是因为抵抗力还弱或者又变弱了。无疑，烟酒都不是好东西，这是我醉过之后的肺腑之言。但有笑话说，一个男人去看医生，说他有胃炎，最近老疼，医生劝其少喝酒少抽烟，不要赌博多运动，男人回答说他从不抽烟喝酒赌博，也很少运动，医生于是白了他一眼：“那你活着干吗？”这当然只是个笑话，不必挂怀，烟酒有害，最好不沾。

◎ 夜行

童年在老家，走夜路是经常的事。

最早是为了看电影，一村一场的露天电影，各个村不一样，你若偷懒不去，第二天听小伙伴议论起来可就后悔都来不及了。所以，别村有电影的日子，有大人带队最好，没有大人，三五个孩子约着也是要去的。不同在于，有大人的日子，那看完电影回家的路就要走得轻松些，没有大人就不一样了，我们不怕夜黑，不怕爬坡下坎，甚至摔跤也无所谓，我们那时只怕鬼。鬼是什么东东？谁也没见过，当然都说不清楚。不过十岁以前，我偷小学校里的粉笔画在大石头上的鬼是头大身子小，理由不复杂：鬼的鬼点子多，要坑人，脑袋自然要大；鬼没心没肺，只会飞在空中害人，所以身体必然小。这么想象着，鬼应该是无处不在的，所以我们在走夜路的时候，都会自觉低头走路不乱看，嘴里尽管大声说着话，哪怕唱歌，心里却直到进家门才不忐忑。

上初中前的那几年，我的生活因为母亲的早逝而巨变。父亲那时为了生活，承包了好几个村的漆树，每到夏天就出没山里去割漆。我读书，下午放学要给父亲带去吃的，同时在山里砍柴或打猪草。一个夏天，每天总是天黑才回家。爷儿俩走夜路，都熟悉得不用打手电筒了，爹背着我砍的柴，我提着爹的漆罐。两个人都累了，爹歇息我就坐下，爹走我就跟上，平时一个钟头的路，经常走出一倍的时间。那些日子，无疑锻炼了我的胆量和经验，走了那么多夜路，也许我这辈子再也不怕走夜路了。没错的，初中毕业那年，我收到迟到的录取通知书时，到县城报道的时间只剩最后一天。那天，父亲不在家，我自己收拾了行李，给邻居借了点钱，连夜上路，三十公里，走到镇上天刚好微亮，最早的班车搭着我驶向县城，才中午我就到学校办完手续了。父亲第二天赶到学校，说龟儿子长大了，从此不用挂念爹了，好好读书，奔你的前程吧。

之后，我又走过好多次夜路，甚至工作以后，在不是故乡的山间，也因为工作需要赶时间而走夜路。一个人走的夜路多了，难免许多白天走路没有的体验。比如说，月黑风高，不管你走快还是走慢，不管你乘着月色还是打着手电、火把，你都是改变不了无边黑暗的，你会觉得自己真的很渺小；比如说，形单影只，不管你默然缓行还是高歌猛进，路总是那么长，遇到行人的几率总很少，你免不了孤独但必须忍受孤独；比如说，夜深人静，你会觉得耳聪目明，点点细小的声音，可能来自风、来自树叶、来自某只未眠的鸟，你都听得见，让你觉得自己比白天更敏感；比如说，万籁息音，你会觉得世界空阔了，你可以尽情想自己的心事，也可以唱可以跳，甚至可以边走边撒尿，身心极度自由；比如说，一路风尘，离目的地总会越来越近，你会满心欢喜，觉得今天多越过几个山风，明天就会多一分希望，你有一种笨鸟先飞的快感，有一种众人皆睡我独醒的自豪……

这些，是否就是苦中之乐呢？这些年，生活条件好了，交通方便了，我似乎不用再走夜路了，即使偶尔开车赶段路，也不苦，也没什么体验。

◎ 老歌

自幼酷爱唱歌。但身在歌手多如牛毛、歌曲多如灰尘的今天，我常常爱哼的都是些老歌，像二十世纪五六十年代流行的苏联歌曲。在中国的作品中，有一些二十世纪七八十年代的老歌我可谓倒背如流，百唱不厌。

“在我童年的时候，妈妈留给我一首歌，没有忧伤，没有哀愁，唱起它，心中充满欢乐……”这首歌题为《妈妈留给我一首歌》，是经典电影《小街》的插曲。最初唱它，是在二十世纪八十年代初期，我才十四五岁，只觉得特别耐唱，特别煽情，尚不知那正是我这类“文革”期间出生、虽未受很重伤害但童年一片空白的人的心理需要使然。我至今认为，张瑜扮演的女主角很美，但这首歌更美。

第二首歌知名度很大，它就是电影《上甘岭》主题曲《我的祖国》，全国人民都爱唱。在所有的革命歌曲中，它歌词流畅优美，节奏缓急分明，旋律柔美婉约，无疑是极品。难怪从童年少年到青年到今天，在祖国的大江南北，都能听到它从我的或别人的嘴里、从收音机电视机里飘出。它唤起了每个人对英雄的崇敬、对大好河山的依恋和向往，唱一遍就要比上任何一堂政治课管用。

某年冬天一个夕阳如梦的傍晚，我在金少江边川滇交界的古朴小镇上，听店主一边又一遍地放三毛的《橄榄树》。也许是孤身一人之故，也许是因为我正处在一个迷茫的人生十字路口，也许是因为思念远方的亲人，也许是因为想起了三毛、荷西、王洛宾以及撒哈拉沙漠，那一夜，冬季的峡谷炎热如火，听得我的心也炙热如烧，在那个简陋的小旅店里，我彻夜未眠，写下了好多文字。多少年后，偶然在央视六套看到台湾老电影《欢颜》，年轻的胡慧中长发飘扬，怀抱吉他，击弦而歌《橄榄树》，唱出了一份人生艰辛但孜孜不倦的意境，唱得我神魂颠倒……

谁说男儿有泪不轻弹？每当唱起这些老歌，我总忍不住入神、动情直至潸然泪下。这是什么？这就是好歌的力量，它引人见真、激人向善、策人求美，它言有尽而意无穷，它音有限而味隽永。

说起来，传统的正统歌曲也好，风情浓郁的民族音乐也好，来如风的流行歌曲也好，既然都是音乐作品，就没有类型上的好坏之分，只有作品间的优劣之别。只是，不管多新的歌，最终都会变成老歌，变成老歌依然为人传唱的，那就是好歌了。有时候，我们怀念老歌，不是因为我们老了，跟不上时代了，而是因为我们在呼唤好歌。

◎ 方言

我所在的昆明属于北方语系，语音接近普通话。但仍然有许多莫名其妙的方言，不少是粗俗乃至是恶毒的，打个比方，有点像大街上星星点点的垃圾。

先从温和点的说起吧！邻家女孩刚上大班，甚是可爱，每次见面中总逗她："喊声叔叔好不好？"有一次，小家伙噘着嘴，喊是喊了，可等我错身她就跟她大人嚷嚷："次次叫喊他叔叔，老孔雀！"童言无忌，声音很大，弄得我忍不住回头，正好遇上他家大人尴尬的目光。当过"孔雀"，我以为自己懂其义了，不就是啰嗦烦人么？其实不然。那日徒步街头，见一女的骑电动车飞奔，她后座的男孩正背着书包打瞌睡，摇摇欲坠。我急忙招呼："嗨，小心娃娃！"那女的停下车，先骂孩子"睡你妈个头"，等于骂了自己。又骂我："老孔雀，吓死老娘了！"那意思显然不跟邻家小女孩一样，是"自作多情"吧？我摇摇头，不与之理论。

其实，昆明人骂你"孔雀"算是客气的了，起码没带脏。这个城市，在人与人的争执中，动不动就"你妈个×"的情况随处可见，而且，一个"×"，可以演绎出很多脏话来。有一天在街头，听见两个穿着时尚的女人吵架。

一个说："你潮×耐。"（大意：你太蛮横）

一个说："你坚×刚。"（大意：你才蛮横）

一个说："你踱你妈个×。"（大意：你牛啥啊）

一个说："你妈的×才踱。"（……）

一个说："老娘高×兴，就踱。"（大意：我高兴就蛮横，咋了）

一个说："你是×高兴了吧。"（大意：……）

一个说："你烂卖×。"（……）

一个说："你卖×给你爸。"（……）

两个人你来我往，句句夹带"×"，骂者来劲，听者毛骨悚然。又一次，见一小伙子在公园骂捡破烂的大妈:"眼睛长裤裆里了？老子的矿泉水还没喝完，你捡什么捡？"老人被他大声的训斥吓到了，忍不住争辩了几句，惹得小伙子脏话升级："死老奶，你再跟我嚷麻麻啰×嗦（大意：啰嗦），当心我分分钟踩死你……"

莫名其妙的昆明话还很多，比如"干草"啦，"钢弹"啦。前些年，昆明某著名夜场到机场派发广告，一位来京城的记者接过去一看，"酷哥靓妹"是什么意思？于是写了一篇文章，登在一家全国级的报纸上，批评昆明人乱造语词。今天再看，"酷哥靓妹"可能已经放之四海而无人不懂了，原来昆明人的聪明才智还有引领全国的功效啊。

掐指算算，我作为一个外地人，在昆明生活也很是有些年头了。对昆明人的某些表达能力我是佩服的，譬如，因为到哪里都是霸道、不礼貌、声音大、在拥挤的景区不排队，昆明人开车到云南各地自驾游，都被当地人称为"蝗虫"。据考证，这个形象的命名竟然出自昆明人自己，这种自我批判精神是可贵的。那么，昆明人能不能把自我批判引向深入，少讲或者干脆摈弃那些又难听又伤人的方言？

◎ 刀子嘴豆腐心

老家地处闭塞的深山，语言上有很多自己的特色，比如那里的人爱说反话，尤其对小孩和家禽家畜“恶语”相向，也算方言里的奇葩吧。

先说对禽畜吧，老家人骂它们的时候没有一句是好听的。

骂鸡，爱说“老鹰叼的”、“狐狸抓的”、“黄鼠狼啃的”，这几个主语都是鸡的天敌，意思不用过多解释。比较有趣的一句是“吃涨水的”，老家说的“涨水”指的是滚烫的开水，鸡只有一种情况能吃得下，那就是被宰杀了，用开水烫鸡毛的时候。

骂猪，第一句是“胀死路的”，“胀”是指爱吃并吃得很多，“死路”指的是猪吃得越多就越肥壮，似乎在嘲笑它爱吃贪吃是自寻死路；第二句是“哼壮膘的”，猪常常被圈养，它特别爱哼哼，饱也哼饿也哼，人们认为那时它们正在长肉，身上痒，所以忍不住哼，哼的人烦了，就这样骂一句；第三句是“害瘟病的”，养猪最怕猪瘟，以为猪自己也怕，故如此“威胁”猪。

骂狗，最常用的一句就是“的嘞拖的”，“的嘞”是口头方言，字是笔者“音译”，说的就是狗的克星狼，被狼拖走，那是狗的厄运。还有两句意思差不多，一句“拿耗子的”，狗不吃老鼠，狗拿耗子在老家不是“多管闲事”那么简单，而是与另一句

"刨坟堆的"异曲同工，指没人要的丧家犬活不下去了，只好去干拿耗子、刨坟堆觅死人肉之类的落拓事。

骂牛，老家人是最形象的，一句"滚老崖的"，说老家山大悬崖多，笨拙的牛一旦在山崖边立足不稳就不可活；一句"剐干巴的"，有些含蓄但也不费解，牛在老家一般都用来耕地，与人相处很久很久，有感情，直到牛老得使不上劲了，才会被卖给别人杀之食肉或腌牛干巴；一句"牛角挑的"最有趣，牛被牛角挑，只有在两头牛打架输了的牛身上才会发生。

除了上述禽畜，老家的羊也很多。但奇怪的是很少听到人们骂羊，也不了解有什么骂羊的话，不知是不是因为羊温顺呢？需要特别强调的是，上述列举的种种恶语，基本上都是含着善意的反话，比如骂鸡"老鹰叼的"其实是希望鸡不被老鹰叼走，骂猪"害瘟病的"其实是希望猪不生病，骂狗"的嘞拖的"其实是希望狗不被狼伤害，骂牛"剐干巴"的其实是希望牛如人"长生不老"……这样理解起来，你就会觉得这是典型的"刀子嘴，豆腐心"，恶语包含亲近怜悯，饱含人对禽畜的深深感情。

对禽畜如此，我们以此类推，就不难想象人们对小孩的称呼有多"恶"了。常常，老家的长辈称呼小辈、年长的人称呼年轻的人，用的就是"小砍头"、"小毛贼"、"小土匪"、"小短命"、"小臭狗"、"小死鬼"、"小造孽"之类，很多，依然都是祝福的反话，骂什么不希望发生什么。对此，我推测，自古山里生存环境恶劣，人们认为小孩、家禽家畜都是弱者，所以以为自己称呼越贱骂得越凶，他们就越能保平安吧？这只是我的联想，不代表任何科学结论。

◎ 游戏规则

历来觉得自己没赌本也没赌性，所以跟麻将这种全民娱乐项目无缘。但人非圣贤，扑克牌我还是爱玩的，从小时候的“三对和”开始，直到“甩小二”、“双扣”、“戳大地”、“斗地主”、“三拿一”、“干瞪眼”等等都玩。有时候觉得，人生苦恼太多，有空时玩玩扑克放松一下神经，总比酗酒或钩心斗角好。

玩扑克有不少好处。作为世界上最普及的玩具，扑克牌哪里都买得到，要携带也很轻松。而且，玩扑克不挑条件，人多人少都可以玩，少到两个人就可以“开战”，多到十人八人也可以开心一搏，而且不挑场地，不需要姿势。记得小时候过年，最开心的就是玩扑克赌鞭炮了。口带里揣着几个鞭炮和一副旧扑克出门，到哪个角落遇上伙伴，一屁股坐下就可以打“三对和”了，你赢我输，你输我赢，鞭炮在手里不断传递，到最后好不容易赢到几个，拿来点火也被揉的不会响了，落下的只是过程的开心。还有，玩扑克可以锻炼思维，这就不用多说啦，我只想象着将来老了，隔几天约几个老友打打扑克，既可以防老年痴呆，还可以说明你人缘不错，一举两得。

扑克之所以能玩，是因为每种玩法都有规则。规则在游戏中就是法律，可以规定出合理合法而有意思的细节。比如说，在四人游戏中，有二对二的，“甩小二”是最古老的玩法，小时候玩着过瘾，长大再玩就无味了，因为太简单，便又演绎出“双扣”

来，两副扑克，男人互相算计的余地更多，若有女人加入，牌多得都捏不稳，便没精力算计啦，难得打好；相比之下，不需要对家的玩法更有意思："戳大地"是在出牌的过程中见风使舵，谁弱就整谁，强者踩弱者，公开落井下石，不犯法，不违背道德良心；"三拿一" 是三个"穷人"对抗一个强者，讲究逆境中的团结和心有灵犀的配合。在规则之下，扑克游戏其实是运气占大头，抓到好牌就是成功的大半，至于牌技高低，那是另一个层次的问题了。

玩扑克可以带点"刺激"，即小赌；也可以不带，依然有意思。当然，就像一个国家有的人有法不依，在玩扑克时也有人不守规矩或者输了不服的，那就没有意思了，不如不玩。记得小时候，三个小孩赌鞭炮，有一个带了一整串鞭炮来加入，三个人那个兴奋啊，没一会下来把人家全赢光了。结果是，人家回去告状，说我们三个抢了他的鞭炮，人家大人差点把我们揍了一顿。上大学的时候，玩牌，有个老兄最积极，又最不守规矩，时常作弊，尽管这样他还是老输。有一次刚打完，他输了，拿起自己的收录机就砸个粉碎，那时候收录机可是贵重物品，全宿舍只有他拥有啊，我们吓到了，相约以后不再跟他玩。还有一个领导，喜欢约下属打双扣，却老爱悔牌，而且打赢了兴高采烈，打输了就半天一言不发，久而久之下属全都犯难了，你不跟他玩是不给面子，你跟他玩就得让着他还不能被他察觉，真是左右为难，打个牌还比上班干活还累啊。

有消极的说法谓"人生就是一场游戏"，看来每个人都是需要点"守规则输得起"的精神的，不然就没法玩更没法活了。

◎ 也说说茶

这里加个“也”，是心虚的表现。只因茶在中国太古老，堪称悠久，而自古以来茶偏偏跟文化、高雅、品位之类褒义词联系紧密，中国人不喝茶者少，中国文人不喝茶不写茶者少，茶文化博大精深，茶文字浩若烟海，我凑热闹，不加“也”字唯恐贻笑大方啊。

我喝茶，从还没上小学就开始了。那时家里只见得到一种茶，碎碎的，近乎粉末，父亲称之“末茶”，要不是后来才知道那几乎是茶厂的废品、跟家里的经济水平相适应，我还以为天下的茶都是那个样子。末茶放进烧红的土罐摇晃几下，加水，一股糊香就和水一起往上冒。水倒在杯子里，红的发黑，夹杂茶渣，很苦，父亲喝一口，吸气的声音很大，咽水后呼气的声音也很大。茶是男人用来泡水解渴解乏的，这就是茶最初给我的印象。所以我也跟着喝茶，喝末茶。后来好些年，当我知道茶是一种树叶而不是碎片之后，我开始在喝茶时追逐汤色的透明和茶叶泡开后的完整好看。再后来，便不是只看外表而学会按自己的口味选择茶叶了。一辈子几十年就这么喝过来，也算是个老喝茶吧。

然而我是个喝茶不懂茶的人。首先是分类，什么绿茶、红茶，什么普洱、铁观音，什么大叶、小叶，什么精制、粗制，我至今不大清楚也不大关心；其次是品质，天下之大，茶叶到处有，哪里的好哪里的不好，哪里的贵哪里的贱？我不懂；第三是茶艺，什么茶要“功夫”？什么茶用盖碗？什么茶泡什么水？什么水温配什么茶？我不懂。不懂，有时羡慕懂的人不得了。说一个朋友吧，他每次喝茶，总是先看，又闻，待茶入口，身板挺直，眼睛半闭，明明水是朝下走，却仿佛喝水的是他的眼睛、眉头乃至头发，一口下去，半晌，沉默无语的他往往不是说个“好”字，就是摇头。有时若是普洱生茶，他竟然在“好”字后面道出茶产地或茶叶名字来，而且从汤色到回甘到茶气，能滔滔不绝说出一大堆话来，神了。那份深刻，让我五体投地，但半点学不会。

既然不懂茶，就更看不懂茶价了。就说普洱茶吧，云南大凡沾了“古树”、“某大茶山”的，全都身价不菲，且越来越离谱了。以某茶山的茶叶为例，毛茶在二十个世纪一文不值没人要，在2007年以前也就几十块一公斤。2007年，云南古树茶价格大涨，把此处的茶炒到了几百元一斤。按说，茶因品质而有价格高低之分是没错的，在台地茶只值二三十元一斤的时候，说它几百元我想得通。然而今年春天，传说此山毛茶价格买到了上万一斤。对此，我只能说是可笑了，这显然是茶商为了获利而不断炒作的结果，而炒作的基础是茶叶被神化的品质和功能。

其实，茶就是中国古人发现的一种可以解渴的树叶，就是中国最普及的一种饮料。喝茶对身体有好处，吃大白菜对身体也有好处，这两者本质上是一样的道理，并不神秘。

◎ 方壶

一把方壶，底三寸少，顶二寸余，下大上小，四方壶体，四方柄而四方嘴，侧看梯形着，高三寸余，接近顶处一溜浅白条纹，活了平面，宛若四面生了眼睛。

这是一把紫砂壶，颜色正好也紫。置于我家里茶台上，五六把泥壶间高出半个身子，有点鹤立鸡群。它大，喝茶的人多了我就动用，要喂茶叶一大把，不然灌满水就出不了汤色。

那天，几个朋友来家小聚。一个老兄见壶就夺去端详，许久后发出一声惊呼："正宗的汉方壶，宜兴某某某的作品。"翻开壶底看印，果然是篆体的某某某，连我都未曾注意。他再掏手机上网，炸锅了，网上标价超过十万。几个朋友都坐不住了，纷纷拿壶细看，追问来历。

其实我对紫砂壶一窍不通。十多年前，昆明北市区某茶城开张时，我在一家茶庄看到这把壶，只是觉得养眼，就问价，老板是个江苏人，开价两千。我听听，半个多月工资呢，不敢还价，走人，想到别家看看。问题是，走遍茶城，再也没见同样的第二把壶，倒把他家的壶放在心里了。

茶城经常去，每次路过他家，这壶都隔着玻璃，在那放着。想要是真的，嫌贵也是真的。半年过去，我猜老板忘记我了，就又去询价。老板贼精，见到我狡黠一笑："喜欢就拿走吧，只此一把，相信你也到别家找过了。"说得我有些尴尬，再问价，老板伸出三个指头。"三百？"我问。老板笑笑："你不诚心要，别开玩笑啦！”我心里凉了，涨价了呢，买不成。

然而除非不去茶城，否则一去总忍不住，趁人不注意去他家外面“偷窥”。就这样一年多过去，有一次发现他家的内摆设换位置了，在外面竟没看见那把方壶。我急了，三步两步冲进去到处找，终于在他家一个角落找到了。壶因躲在角落而不显眼，且落了一些灰尘。我看那架势有些窃喜，再仔细看，店里只有一个女孩，老板不在，便更开心了。

装作漫不经心，拿了壶过去问女孩。女孩抬头看了一眼，热情喊价：“一千块吧！”我心里有谱了，但仍然装作不满意地还价：“八百吧，我拿走。”说着就掏钱包，女孩答应了。付了钱，女孩包壶，老板回来了，居然还认得我，吵吵嚷嚷说不卖，这下轮到我笑了：“都付钱了，你说不卖还有用吗？”没想到老板转而哈哈大笑：“你也来过好几次啦，不说了，壶归你了。坐下，喝杯茶……”

我把买壶的过程跟朋友讲了，有人说我买东西太精，有人直接讲我无耻、脸皮厚，我微笑不语。等他们都闹够了，我问：“五万块，谁要？”还真有人应声：“两万吧，我拿走。”我接着卖乖：“假如有点瑕疵，你还要不要？”他们都没发现，方壶的盖子缺了一小块泥，那是我有一次洗壶不小心摔的。这下有人“无耻”了：“盖子破了，我出五千吧。”直接给我打了个“一折”。

人散尽，我清理茶台时发了会呆。说实话我真没想到这把壶在网上被这么高价售卖，因此特后悔当初不小心摔了盖子。继而又想，破了也好，既不影响使用，还阻止了可能带来的烦恼——要知道，假如这把壶是完好的，我也许就会时时心存非分之想，图谋以之换一大把钞票，或者是小心翼翼把它藏起来舍不得用，那不都像被套股市的钱一样是你的也不是你的了么？

◎ 卖书

名人著书不外乎两种情况，一是写书成名的人写书，又一是本不写书的人成名忍不住写书，如当今层出不穷的演艺界人士写书。只是，相比之下，后者的书往往要比前者走运，印数也要大得多，因为名气能令无数不懂书或者不读书的人忽略书本身的价值而趋之若鹜。

曾有幸亲历了一次明星签名售书的场面，觉得颇有意思。

那年，国内某著名笑星为他的书在春城上市而专门光临，当时据说他的那本书已经售出四五十万册。在书城，笑星开口就讲"相声"："我的销售目标是，在今年内就要突破一百万册，括号，不含盗版。"他的到来，使那个素日并不热闹的书城出现了少有的拥挤。蜂拥而来的人群，在警察及工作人员的维持下排队买书，又分批上二楼请笑星签名，言语间流露出兴奋和崇拜。一个中年人操着方言对笑星说："我是来替儿子买的，他12岁，个头却快赶上我了，你的相声磁带他收集了很多，说是长大要讲相声。"笑星大笑："是吗？你那小子长那么快，肯定是因为他天生幽默！"

在二楼的签名现场，笑星一开始神采奕奕，耐心地按每个读者的愿望题字，还不停地与大家开玩笑，最后不忘说声"祝你快乐"。对此，有位老读者跟我赞扬他："这位不错。他不像某某某。某某某上次来签名售书，我排了两次队买了两本书，又排了了两次队签了两次名，这次也是。但某某某只是埋头签字，有些高傲，不像这位，有说有笑，好玩多了！”看来，笑星的平易很是感动了一批读者。只是，我也发现，签名持续了一段时间以后，笑星明显说话少了，在每本书上写的字都只是签名，连日期都懒得落了。碰上要求写一句话的读者，他就摆摆手：“等会再说！”他是累了，还是也像我们一样耐心有限呢？

明星毕竟是明星，清楚地知道自己来干什么。稍后，笑星按计划到市内某大学演讲，仍然三句话不离他的书。当然，演讲也是成功的，一个普通人尚有说不完的故事，何况他是位见多识广的明星，更何况还有一本几十万字的新书作他的腹稿？在一个多小时的时间里，台下笑声不断，掌声热烈。他对大学师生们说：“有人问我写书买书的目的是不是为了挣钱？我想说我写书的目的是让人乐，你读了不乐我可以退货。如果要为了挣钱，比写书多的法子多得是。比如我可以利用名气，在北京的大街上找块地方与人合影，五元一张没问题吧？一天几百张，一个月该合多少钱？”他这话说完，我身旁有大学生立马不乐了：“吹吧，不为钱干嘛不定价一元而要卖二十多块？谁又会有病，为了二十多块的书找你退书？”

我亲历笑星签名售书的一天，那感觉像是遇上了一个早已耳闻但一直未能谋面的熟人，看见了他幽默机智的本领，看见了他作为明星有意无意地保持着的架子和气势，看见了他与普通人一样千方百计地表现自己、维护自己的本能。所以，我不想过多妄议名人，只想跟喜欢名人崇拜名人的普通人说一声：名人的本质是人而不是名，遇到名人或者购买名人的书时，我们的心态不应该与平时两样。如此，不管对方的名与实是否相符，不管对方的书写得好还是不好，我们的心情才都不会产生落差。

◎ 蕙质兰心

2001年冬天，我们为了工作，冒着将近四十度的高温，乘船在只看得见两岸原始森林的湄公河航行了大半天，好不容易听说老挝的一个县城就要到了，心里便浮现脱衣服冲凉、坐在有空调的包房吃饭的幸福场面。等到上岸，我们全都傻了：岸边一栋两层楼的房子，一楼是餐厅，楼上就是我们的“宾馆”，没有独立卫生间，更洗不了澡。再去旁边的县城，我们更是傻呆了，整个“县城”，就四间小平房，只有其中一间开着门，县长要不是为了等我们，也许早走了……

入夜，除了我们一行十余人，整个县城就只剩下老板夫妇。在二楼的房间，闷热依然受不了，我们只好开窗，蚊子成群结队而来。同住的小蒋毕竟是比我年轻，说着话就睡着了。我睡不着，便把他的耳机和“MP3”移到自己身上，打开第一曲，《星语心愿》。我知道的，一个19岁的美丽少女演了个电影《星愿》，成为港岛跨世纪的“玉女掌门人”。词很柔，旋律美得让人心碎，我发反反复复，一遍又一遍地听，歌中的爱情情绪，不知不觉化成了一条长长的溪水，顺着湄公河倒流回国，回到亲人朋友身边……从那天起，三十多岁的我“爱”上了张柏芝，爱到若有二十多岁的人敢在我面前夸女朋友漂亮，我就会问他，多靓？比张柏芝如何？惹得人家反过来抢白我，你老了，张柏芝跟你不是一个年代的人好不好？我笑笑，的确，有如说我“爱”张柏芝，不如说我爱她在电影里那份无邪的清纯、在歌曲里那份柔弱无骨却坚定的对真爱的呼唤。

便不得不说到王菲了，她也是我这辈子“爱”过的人。我爱她的歌，乃是从《容易受伤的女人》开始。那是1993年吧？她应该也才是二十出头的小姑娘。一个在中国好几个地方打拼过，到了北京，又跑去香港追逐梦想的女孩，靠一曲“受伤”横扫香港乐坛，拿下当年排行榜总冠军。这样的事情，不靠实力是不可能办到的。王靖雯，或者王菲，她个子高挑，人若扶风细柳，声音却有穿透时空的魅力。别的不说，1998年，两个高挑性情成熟的女人，她和那英，一首《相约九八》，珠联璧合，点燃多少男人的热情？

张柏芝与王菲，她们首先都是美丽的女人。他们的美不分伯仲，非要分，我只能说前者人更年轻、长相更可人，后者熟如蜜桃、歌声更入骨。其次，她们都是呼唤真性情的人。我们可以比比歌词：《星语心愿》说“我要控制我自己，不会让谁看见我哭泣……就像流星许个心愿，让你知道我爱你”，《容易受伤的女人》说“想你天色已黄昏，脸上还有泪痕……不想对你难舍难分，是否今夜就不会冷，心就不会疼”，瞧瞧，不都像是在唱自己，不都是“愿天下有情人终成眷属”么？如此美丽的两个女人，年龄相差十几岁，谁知道她们为什么会有那么多绯闻？她们怎么就被命运拴在一起反复嘲弄呢？两个人其实都很可怜，因为她们受伤颇深，还被大众指指戳戳。

而我，我才不愿意关注她们的私生活怎样，我只管迷恋她们在艺术世界里那份蕙质兰心。

◎ 倾国倾城

有些人天生就是女神，譬如张曼玉。2001年，她上春晚唱了一首歌，就是那首著名的《花样年华》。歌是欲说还休、半梦半醒，人是一如既往、慵懒孤傲。只在歌唱到完，人笑了，在中国最大最风光的舞台上莞尔一笑，让许多人都明白了什么叫倾国倾城。

张曼玉是个风光的女人。她五届香港金像奖、四届台湾金马奖影后，惟一一个同时摘取柏林、戛纳两项世界大奖的华人影星，单这一点恐怕就很难有人逾越了。而光环仅仅是她的，并不是最吸引我们之处。我们忘不了的，是从二十世纪九十年代初开始，她在银幕上留下的风情万种。在电影《阮玲玉》里，她向我们展示的是中国电影童年时代巨星阮玲玉的成长向上与沉沦挣扎的心路；在《新龙门客栈》里，“老板娘”风流却也端庄、无情却也有心，风头盖过林青霞主演的女一号，让风尘仆仆脏兮兮的男人戏有了生机，有了大漠黄沙见绿洲的妙境；到了《青蛇》，张曼玉端庄藏于妖媚，一场孽缘让人爱恨难择；到了《甜蜜蜜》，邓丽君的名曲背后是漂泊的心酸，是三毛歌词里“分易分聚难聚爱与恨的千古愁”；到了《宋家王朝》，没料到张曼玉也能演绎宋庆龄，没想到国母的胸怀和气度能在张曼玉的雍容里再现；再到《花样年华》吧，苏丽珍，名字很土很传统的女主角，旗袍，爱丝头，断井残墙，物是人非，欲说还休，幸福近在眼前犹在天边……

不得不说，港姐出身的张曼玉才华横溢，她的表演，就像她在春晚的演唱，本色，不用端不用作，举手投足，笑或者愁都能迷醉我们。如果要打比方，我不愿说她只有阮玲玉的名伶范，或老板娘的天然骚，或宋庆龄的端庄相，或苏丽珍的落花美，我愿认为张曼玉就是一条修炼千年的青蛇，她妖媚聪颖她秀外慧中她朴素华贵，她独一无二。自然，“灵蛇”也少不了神秘，我至今没看过她夺取戛纳影后的好莱坞电影《错过又如何》，也不知道好莱坞导演阿萨亚斯凭什么要为她量身定做这部作品，又用什么法子娶了冷傲的女神，又为什么“同林鸟”瞬间又作“鸟兽散”……据我所知，那算是张曼玉唯一的正式婚姻吧？那这世间就没有别的让她觉得可以耳鬓厮磨的男人了么？还有，电影《2046》之后，她不见了，据说她推掉片约无数。她为什么不演？记得曾有一篇文章说到她“最想拥有的能力”竟是“隐身”，说有那样的能力，就可以“想去哪里就去哪里”，难道她也有阮玲玉的“遁去”之念？

张曼玉无疑是本好看的书，她灵气、神秘，她还不失朴素。她曾说过的两句话：“爱情是我永远的事情”、“女人的成功是临死前有爱人在身边”，愿望很平凡，任何一个普通女人都有，她却说得如此隆重，不由让人心疼，心疼她要做回普通，竟也像她出名一样难。

◎ 金庸和古龙

金庸写书如设宴，书不论大小，大若《天龙八部》洋洋洒洒，小若《越女剑》也郑重其事，善恶美丑、天文地理、琴棋书画，读者若贵宾，自有可口处。古龙编书如造假，《绝代双骄》听来郑重其事也歪瓜裂枣，《月异星斜》以为歪门邪道却有正气凛然。

金庸造偶像，造个乔峰，让你明白什么胸怀；造个郭靖，让你清楚什么叫奋斗；造个杨过，教你如何度过逆境；造个韦小宝，让你知道聪明男人鱼和熊掌可兼得。古龙生恐龙，生个李寻欢，外表帅气神勇，心里扭曲变态；生个陆小凤，品德好武功高，身材一般，指头多一个；生个傅红雪，品德好讲义气身材也好，偏偏是个瘸子，走起路来目不忍睹。

金庸讲希望，郭靖、乔峰不说，杨过出身不好、甘当混混，终因浪子回头而爱情事业双丰收；段誉资质一般、也不努力，到头来只因本性善良而集人间大成。古龙道阴暗，龙啸云父子自是奸恶到顶了，楚留香不也一样油头滑脑？燕十三不也一样自私下作？阿飞不也一样被女色迷惑？

金庸重情义，某个老大死了，他的手下世世代代都为他撒尽热血；几个心爱的女人死了，“老花心”段正淳毫不犹豫就将刀插进自己的心脏。古龙重阴谋，流星虽美，蝴蝶虽艳，最终都盖不过刀光剑影；飞刀无敌，铁拳如钢，最终都敌不住剧毒人心。

金庸很含蓄，说爱情是春雨润草、生死相依、肝肠寸断、魂不守舍，说女人是美目盼兮、朱唇启兮、衣裙飘兮、背影倩兮。古龙很直接，说女人就是“年轻”、“赤裸”，就是“那雪白的皮肤，坚挺的乳房，修长结实圆滑的腿……”；说男女之间就是“纠缠”、“呻吟”，就是“她十四岁的时候就被一个屠夫用两斤肥肉换去了童贞，始终忘不掉那张压在上面淌着口水的脸……”

金庸是父亲，他的“儿子”，郭靖长大了，乔峰成熟了，袁承志承志了，张无忌得道了；他的“女儿”，黄蓉青涩过、任性过，最终变熟女了，马夫人清纯过、爱过，最后成了孤魂野鬼。古龙是大哥，他的“弟兄”，小李飞刀失策了，龙小云早熟了，阿飞永远长不大，铁中棠生死不明，秦歌满脸都是打架留下的疤……

金庸走正道，没混过江湖，所以他想象中的江湖，虽有欧阳锋、梅超风之类奸恶之徒，但邪不压正，正人君子、名门正派最终必将战胜邪恶，一统天下。古龙本是江湖中人，不知何谓正道，于是他笔下的江湖是原生的、残忍的，他信奉“有人的地方就有江湖，有江湖的地方就有血腥”，他清楚“人在江湖漂，哪能不挨刀”，他的江湖法则不是正义战胜邪恶而是“出来混迟早总是要还的”。

金庸与古龙，不同还有很多：一个有过去有未来，一个没过去也没未来；一个是有文化有地位的人，一个有点文化也没地位；一个是个长寿的老人，一个是个短命鬼；一个写书得到了很多，一个写书只得到断魂酒；一个有家，一个没有；一个没绯闻，一个有；一个的版权一元也卖，一个的版权无须分文；一个的书正版多，一个的书盗版多……

最大的不同是，金庸乃大师，古龙乃天才。

◎ 电影院随想

一

好莱坞大片《泰坦尼克号》在中国上映的时候，中国绝大多数女观众都是冲着男主演莱昂纳多的帅去的，好多男观众则听说丰满的女主演要在片中全裸。

我和妻子倒也都没明说，抱着两岁多的儿子就去了。一则因为孩子没人带，二则我们的孩子乖，很少随便哭闹。

那时美国大片给人感觉很新鲜。我看迷了，妻子成了泪人。看到快结束时，不知不觉忽视了怀中的儿子。到片尾的时候，儿子突然冲着银幕上的老年女主角喊了声："奶奶！"

我俩都被吓一大跳，看来对艺术的欣赏是不分年龄、各取所需啊。回家一查，女主角"露丝"的老年扮演者叫斯图尔特，时年88岁，正宗的资深美女，加州大学毕业，是三十年代好莱坞"黄金时代"学历最高的女星。

连个配角都这样不得了！

二

世纪之交那年看李安的《卧虎藏龙》，怎么看怎么都像一首武侠"朦胧诗"，山美，水美，竹美，人美，歌美，最重要的是全篇情绪有放有收，暗合了"点到为止"的武学境界。一时以为，中国的武侠电影终于走到一定的境界了，甚喜。

几年后心怀期待，一家三口去看张艺谋的《十面埋伏》，企图给上小学的儿子好好上堂古典课，却见片中从头到尾，不停地出现男欢女爱的纠缠镜头。惹得妻子在黑暗中老用恶狠狠的目光瞪我，意思是我有病，要带儿子来看这样的电影；儿子更酷，每及搂抱哼哼镜头就自觉用手蒙住双眼，不停问我：“我爹，给完了给完了？”

好不容易熬到走出影院，妻子依然一脸愤怒，好像电影是我拍的。我心想，都说香港西化、大陆传统，可电影怎么倒过来了，李安恰好展现了传统的含蓄美，张先生在那么美的题材里却着力于频繁的“狗打架”。

三

看周星驰的《功夫》时，我边笑边跟儿子讲周星驰在他还没出生时拍的《大话西游》，儿子被打扰，有些不耐烦：知道了，不就说了句“假如生命重来一次，我愿说声爱你一万年么”，逗你笑笑你也当真？还不如刚才这个伙计露着屁沟，一声“包租婆，什么时候来水啊”经典呢。我一时语塞，看来“无厘头”这玩意，孩子永远要比我们会欣赏。

到了看好莱坞电影《功夫之王》，我似乎又有话要说。吸取上次教训，我是看完电影才说的："儿子，中国的神话，中国的题材，中国的纠纷，偏偏要整个美国小混混大老远把金箍棒送回，还亲手把孙悟空救出来，天下大乱才得以整治。这就是好莱坞，这就是美国人的文化侵略啊。"儿子淡淡回应："给是该？中国电影有本事也可以干同样的事啊，编个故事拍出来，说诺亚方舟沉在滇池臭水里，被一群我这样大的小孩撒尿时发现，挖出来，修理好，开到西方还给他们救人，不就也侵略美国一回了？"

四

看国产电影，有用方言的时候我特别爱听。《无人区》里邋遢粗鲁的黄渤配上西北方言，让人在忍俊不禁之余被绕进了导演的圈套，新鲜刺激而又过瘾；《1942》里，张国立的河南话显然用足了功夫，令影片从头到尾回响着苍凉，像一首如泣如诉的民歌。我觉得，这两部片子都是近年国产片的上乘之作。

可惜，有人说，它们太沉重了，所以不受欢迎，票房惨淡。对此，为了它们都是呕心沥血的两位导演，宁浩似乎无言，冯小刚则一气之下又"玩"出个俗烂的《私人订制》，一下揽了几个亿的票房……

我也无言了。

五

《画皮》的主题歌《画心》余音绕梁，每每听到都能想起片中的赵薇集端庄、隐忍、宽容、无奈于一身的形象：一声叹息，把尖酸丢开，瞬间化作无影；两行清泪，从心里流出，最后变成了血……在片中，"赵薇"被妖媚的"周迅"彻底打败了，"小燕子”长大了，成熟了，周迅也不错，戏份入骨了。

《风声》里梁朝伟太强悍，大家风范，霸气弥漫。由此，更显周迅不弱，楚楚生风。当几个特务多把刀插入肉身，周迅身体将死，浅笑如魂。一瞬间，“俏黄蓉”也长大了。

到了《致青春》，赵薇宁肯被称作“导演”也不肯去影片中装“小清新”玩个角色，而电视剧《红高粱》，周迅让观众忽视“余占鳌”而独占鳌头。这时，两个人都成熟了，证明她们都不是靠脸蛋吃饭的人。

六

怎么看，《北京遇上西雅图》里的汤唯也是个让人恨不起来的“小三”，到最后甚至认为她是就个可怜可爱的有青春做本钱的女人。

因为她只是大款的“小三”吧？拿的是私款，喝的不是人民的血。中国电影还没有反映高官“小三”的，要谁敢拍，主演走到哪里不被臭鸡蛋打死才怪。

七

好莱坞电影很讲究场面，中国电影也在学。

姜文拿一个民国的故事套场面，套出了《让子弹飞》，竟然成功了，换得金银满钵。

过几年，他还套。而且场面更为妖艳，更为诡异，更舍得烧钱。但《一步之遥》没再被观众买账。

看来，场面始终是需要内核支撑的。没有内核的模仿或复制都构不成大片。

八

看完《速度与激情7》，心里竟然多了丝丝素日看娱乐片不曾有的惆怅。

惆怅一：不管正义与非正义，杀戮总是残忍的。“肖”为弟弟复仇而疯狂，最终丧命；多米尼克、布莱恩等人因为正义、自保而出手，最终失了同伴、人人九死一生。似乎，都不是赢家。

惆怅二：影片上映时，布莱恩的扮演者保罗已经在该片拍摄中死去一年多，所以我们知道贯穿全剧的他，至少有一半是他弟弟和电脑合作的产物。保罗拍飙车戏挣了钱出了名，却宿命地死于车祸，钱财都留给亲人了。假如让亲人们，在现实和保罗活着大家却贫穷之间选择，怕是所有亲人都宁愿后者吧？生命无价，逝者不复回。

惆怅三：布莱恩和多米尼克最后飙车道别，谁都没想到岔道出现，两人分道扬镳。

那是死生、阴阳之别啊，好莱坞对逝者的怀念，高明，人道，让你抓心抓肝。

第五辑

长留一片月

她揪过我耳朵，给过我每月两块五的最高助学金，带我去她家吃过饭。她爱穿高跟鞋，可鞋跟再高人也只有一米五几，站在一群初中男生中间，好比一群新楼包围的老街道办事处。她在数学测验得100分的人没有一半时骂全班，在大扫除没得学校表扬的日子骂劳动委员，在我这样的农村穷孩子成绩下降时，骂得你走路回家的力气都没有。

——《南窗偶感》

◎ 银杏文学社

云南大学有一条银杏道，树老高老高，一边是逸夫楼图书馆，另一边是海棠林。春季学期，光秃秃的银杏长树叶，密密，绿绿，只是没人理会。到了国庆节后，树叶逐渐黄了，给每棵树换了件好看的衣裳，然后慢慢落一地秋色。那时候全校师生就都要去凑热闹，仰首看枝头，俯身拾落叶，平视前方，照相。

二十世纪八十年代初的一个秋天，银杏文学社已经成立。某日，于坚从图书馆出来，背上的书包勤奋地装满厚书，身边还没有女朋友。他走过银杏道，两边全是燃烧的青春和笑脸，但他不，他当过工人，又来读大学，岁数长了些，热烈藏于肚子。我之所以想象得这么仔细，是因为于坚沉思过后的朗诵："啊，银杏，我们金色的旗帜"，这句话连同他"凡人一样生活，上帝一样思考"的文学主张，后来渐成银杏文学社的精神宗旨。

全称，云南大学中文系银杏文学社，在那个用浪漫情怀掩盖时代创伤的年代它诞生并跻身中国五大最著名高校文学社。银杏社的社长比学生会主席还牛逼，我的上一任社长跟我说。1989年，我当了第六任社长，觉得非同小可，就忙着找未曾谋面的大师兄于坚讨教。我问人，转角，上二楼，敲开木门，面对他说我是某某某，他木然，再说我是银杏新社长，他就把我让进去了。诗人的房间，老旧，木质，狭小，但他似乎没感觉到，在里面写出很多跟任何诗人不同的诗。那天，我们说了银杏社，接着他给我朗诵了一棵与银杏树一样属于植物的、皮肤苍青的“避雨之树”。需要说明的是，后来我毕业了，单位发给四袋白糖，我立马想到要送两袋给谁，接着骑车穿过城市，仍然去到那个小房间。老于的诗集都出到第二本，中国著名诗人了，大冬天，见到我开心得很，当即泡了两杯糖水，我们暖暖地喝着。有好些人，就是这样被银杏社拴在一起的，不论年龄、职务、名气，不管过了多少年，哪怕只是偶尔见面，我们连称呼都因记忆而依然，要么去掉姓直呼名，要么在姓的前面加个“老”，或者干脆就直呼绰号，比如，稼文，老钱，豆壳。

接着我找系领导李丛中和杨振昆申请经费。杨振昆老师也是诗人，他对银杏的厚爱，导致我选他为毕业论文辅导老师，最终分数很高。李丛中老师教古文，不爱笑，但表态很清晰。我又拜访系领导张文勋老师，找了几天不见，某日竟然在海棠林遇到了。也是秋天，张老师咳嗽特别厉害，咳得我的心里很疼，旁边的银杏叶也似乎下落更猛了。我问他病，他不答，反问我银杏社的情况。我说得很快，不想让老师在凉风中耽搁太久。张老师是云大中文系的一面旗帜啊。老师们都无一例外厚望银杏文学社，希望我们热烈于人生、虚怀于事物。由此，当了一年社长的我，很尽职，社刊出了两本，活动举行了数次，也写诗，也恋爱，但很少逃课。

1990年夏天，我毕业了，为文学社选定了好像是历史上惟一的女社长，教授的女儿，样子傻乎乎，散文写得漂亮。交接那天我喝了很多酒，跟她说话，其中有，银杏社是一个精神象征，是一个温暖心灵的团体，加入和热爱银杏社是一辈子的事情。

◎ 那时此刻

生命中的有些时刻，任何时候想起来都像是昨天的事。比如大学毕业前夕。

从母校校本部到住宿区，路歪且挤，于是来来回回总觉紧迫。大四，课程似乎少了些，脚步变缓了，才发现自己就快毕业了——吃了几年东二院的饭菜，做了几年综合楼的板凳，这就要走了么？要走了，长了知识是自然的事，长了胡子也是自然的事。要走了，第一个问题就是将去哪里。这种心情， 或者说是感觉，绝不是几年前离开父母上大学时那种。成熟多了，抑或深沉多了，这是老生在新生面前最值得炫耀的地方。可是，老生比新生的心事重多了，那就是“去哪里”。

头年，或者头年的头年，或者头年的头年的头年，我恨一路车恨得要死，常常冲上会泽院的一侧恶狠狠地瞪远去的它。老父亲来过，好朋友来过，又都坐一路车走了。还有个姑娘来过，就是刚过去的秋天，银杏路热闹得很。我说，我们去照张相吧，校摄影协会只收本钱，一块。秋风越过围墙刮进校园吹落黄叶吹动她的长发和裙子，我说你冷吗，她说不冷是假，可不就照张相的功夫吗？她和我一样害怕天冷和分别后比天冷还难受的思念，结果她依然被一路车关上门拉走了。

他们都来看我，他们都知道这是学校，所以他们都来了去了，只有我一直不离开我的校园。但我终于也得走了，再过几个月，我又会在哪里等他们呢？还有很多和我一样的同学，他们又将在什么地方等他们的亲人朋友和恋人呢？我们当中谁都想让身体留在省城，谁都想让灵魂保持在和母校钟楼一样高的地方，这是实话。因为我们怕冷，冬天式的冷或者孤独，不认可的拒绝或者白眼，我们都想有个好的工作好的归宿，然后好好成个家，家里有不暗的灯光过得去的写字台，待在里面踏实不做噩梦，那样我们就可以好好做人，好好爱爱社会和父母。我敢说我们渴望幸福但不怕吃苦，我敢说我们的念头平凡而伟大。然而，向往是我们的，憧憬也是我们的，肚子里有没有墨水也还只有自己知道。因为社会要选择我们，所以惟一的办法便是等。都说社会大得很，随便张开双臂就能把我们搂进怀里，于是我们乖乖地，虔诚地，眼巴巴地等。

最后几月，还得来回那段又歪又挤的园西路，连同天桥下的车，逸夫楼的夜，银杏道的秋，钟楼下的安静和钟楼上的寂寥，走惯了看惯了还想走还想看。又留恋那些有白发无白发的教授们，因为要育人要做学问，所以烟抽得多，因为要养家要买书，所以衣服买的少。离开草木尚可无事，要离开他们，倒真像中学毕业离开父母、假期结束离开恋人，无论哭还是沉默着，都一样难受。

◎ 不是朋友

世间，“朋友”似乎是最方便最讨巧的称呼了。按现在的标准，我们从光屁股玩泥巴开始，幼儿园小学中学大学这个单位那个单位这个地方那个地方，所有认识过的人，连面都没见过的Q友微友，都可以叫作朋友。

但有的人，他就不是朋友。

“鸟的窝好高啊，把嚼剩的阳光抛给我”，这不知是我哪年写的，反正比“匆匆那年”更早吧，十四岁？星期天的下午，我百无聊赖地躺在小城郊区的白杨树林里，目光越过树上的鸟窝，看到天空空茫，如虚无的未来……不知过了多久，我起身，拿出随身的小刀，在树干上刻下一道深深的痕。那时候，陪在我身边一直没说话的他把刀接过去，三下两下又刻一痕，把我的斜痕变成了“×”。我看看他，他在傻笑。我说，走，我请你吃牛肉米线。米线上桌，牛油汪汪很诱人，两人同时喝了一口，又同时吐在地上……好腥啊，那时我们都还是只吃过猪肉没吃过牛肉的人。

三年，一起读书一起上厕所，一起跑步一起跟在女生后面看哪个走路更扭，一起吃饭一起在没饭票时喝不要钱的汤，总觉时间过得太慢，不知道岁月只是一条说不见就不见的水沟。他是个单纯的孩子，我毫无疑问比他成熟，那时我经常这样想。他还温顺随和，毕业前夕我心情烦躁，经常在上床翻滚不眠，他在下床便也无法睡，默默不语。

总要各奔东西，都要忘了没吃过牛肉的出身，在各自的栖息地做一个成家立业的梦。当中，我们写过信，后来都有了手机，也打。你怎么样？这是我问。我好的，你呢？这是他说。我就那样啊，你下乡少干点酒，这是我总结。其实我知道他并不好，人实在，该不该自己的都不去争，路走得很绕，偏偏当点小官，不少在乡下教书的同学遇到事情就苦大仇深地去找他帮忙，他左右为难。但他就那样，总说好。有时，我们也是见面的，同学聚会，或者我回老家刻意约他。人多的时候，他兴高采烈地跟别人说话、拼酒，从来不敬我酒，我抬起酒杯向他，我们只是抿一口；如果聚会只有我们两个人，酒就各自倒，一点点，就像彼此的话，不多。

只有一次，他当了乡长，好遥远的一个乡，我带妻儿从昆明去，又从县城去，路很糟，把我的汽车底盘刮响无数次。好不容易见到他，天色已晚，见到我他就说，走，明早要在县城开会，我们路上吃饭去。我那一刻心里笑了，好啊，我老远来看你，你却喊我立刻转身，有点霸气了，像个领导啦。在路上的餐馆，两个人不知喝了多少苞谷酒，他把我的妻儿安排在乡政府的吉普上，我开着车，两个人一路手舞足蹈，粗声大气，口带俗话，互相揭短，也骂贪官，好像还谈到怎么讨好老婆，培养儿子……多好的一次谈话啊，然而所有的话都是说出来就被风吹走了。摸黑到了县城，乡上的驾驶员很含蓄地说我车开得太快……危险啊，第二天通话，互相只叮嘱了一句，那样的事，以后再也不能干了。

我们最终都成了成熟的丈夫和父亲，彼此见不见面，关注只在平安。一辈子，从来没觉得对方是朋友。不是朋友是什么呢？比不得左羊的舍命交，比不得刘关张的义气交，比不得伯牙子期的知音交，只自不量力比“鸡黍之交”可以吧？我们不是朋友，是兄弟。

◎ 豆沙月饼

我家所在的村是大队部所在地，别的好处没有，就是近水楼台先得月。小时候，用一分钟，我就可以跑到全大队惟一的供销社售货点，趴在柜台上张望。

爱笑的售货员当然跟我很熟，因为我是“常客”，大凡家里买盐巴白糖肥皂洗衣粉乃至打煤油，妈妈使唤的总是我，因为她知道，即使哪次不是我，第二天也要补给我一毛钱。一毛钱，那时可以从售货员手里换回三颗水果糖，碰到他高兴就四颗。三四颗糖我基本都是这样处理：走出售货点大门就含一颗，回到家给比我小一岁的侄子一颗，剩下的交给母亲——当然，最终也许进了我的嘴里。

因为熟，售货员从来不管我。我趴在柜台上，看堆放在里面的各种货物，发现有没见过的，就问他“那是啥子”。问来问去，多半是农业生产有关的用具、农药化肥之类，吃的很少。那时候买东西的人不多，有时半天来一个，有时一天不来一个，我守的时间长了，售货员干脆开门出来，拿个小凳子跟我玩扑克“三对和”。他家不在本村，守着店其实也很孤独。规则是他教我的，就是一人摸六张牌，一人摸五张，先摸的人出牌，后摸的可以要牌，不要就再摸一张。如此循环，谁先凑够三对牌谁赢。我们的奖品不一样，打三把结一次账，三打两胜者，他赢弹我一个轻轻的“脑瓜崩”，我赢，你应该猜得到是颗水果糖。其实，那就是我爱去售货点的根本原因了，收获肯定是每次都有的，但也就一两颗吧。我发现他会作弊，每当我赢了一两颗的时候他就不让我再赢。

七岁那年，是八月十五的前十天——我为什么记得这么清楚？ 是因为我之后每隔三天去一趟售货点。那天，我一去就看见售货员正将一个大铁盒里的东西一个一个挪到另一个大铁盒里，所以我闻到了一股特别香的味道，一闻口水就要流出来。售货员头也不抬就知道我来了：香吧？你这小狗，鼻子就是灵，货才到你就闻着来了！说着，他起身，伸头朝我身后望望，确定没人，拿起一坨鸡蛋大的东西，打开红色的包装纸递给我：没见过吧？这叫月饼，豆沙月饼，快吃，又香又甜。我看着那半个小饼，二话不说，一口就塞进嘴里，觉得有种从来没有体验过的滋味，从嘴里弥漫到全身……见我那样，他很得意：好吃吧？全大队也就来了两百个，我刚才尝了一半，你是第二个吃着呢，出去不准跟人说我们吃了，两毛多一个呢，贵得很。

我不停地点头，月饼早就没影了，我的舌尖还不停地在嘴里打转，他几次示意我走。见我不走，他又站起来对我耳边说了句话：这样，离八月十五还有十天，你隔三天来一次，记住，三天，就是从明天开始数到三再来。我闻他言，乖乖点头。第二次去，我顺利吃了半个月饼；第三次去，柜台有客，我等了好半天，拿到半个月饼就往口袋里装，被他看穿了。他说，听话，你自己吃掉吧，再过三天，早早来，我多给你一个，你再拿回去给你妈妈；第四次，我果然从他手里拿到一个半月饼。然后他跟我算了一笔让我死都不会忘记的账：我卖月饼，有十个破损指标，我吃了一个，给了你三个，那天给村支书和大队长各吃了一个，还剩四个，我现要关门回家过八月十五了……

◎ 送信人

严格点说，全是父亲的朋友而不是我的。

“全”是他的名，不是姓，我是有记忆的时候就认识他了。他是镇上拿工资的邮差，管着他所在和我家所在的两个大队即后来的办事处的送信。他来我家，是因为那时我先后有两个哥哥当工人或服役在部队，都在千里之外，每月要给父亲写信来。记得，全每次来家都是要在家里吃饭的，那是父亲“强迫”。全每次，趁着等待母亲煮饭的空档，念信给我们听，然后拿出信纸、信封、邮票，按父亲的口授复信，写好最后念一遍给母亲听，又填信封，掏出胶水封口，信封邮票收一毛钱，其他免费。我那时站在旁边，觉得全完成这一切太熟练，牛大了。

如果不是太特殊，全总是一月去家两次，因为两个哥哥的信不一定同时到。全是父母的盼头，还是我人生的最早偶像。二年级，我最记得，母亲没了，我似乎突然长大了，便在父亲怂恿下，主动给哥哥们写信。于是，全的负担轻了，他来我家，只需把来信给爹，也不用念了，因为我勉强能念了，不认识的字也会查《新华字典》，全每次朝我挤挤眼睛，拿上我写好的回信就走了。父亲留他吃饭，很难，他还有十几个村的信要送，虽然那时，像我家那样有人在外面的人家不多，但毕竟涉及那么多村子的人啊。

我想，一个人一生每月要走同样的几十里山路，月月重复至少两次，次次都是一个人独行，那是很枯燥的。然而，不可想象的事，全做到了而且做得乐呵呵。我估算过，全的年龄，应该比我大二十多岁而比父亲小二十多岁，他不高，偏瘦，是我此生见过的最和蔼、脸上笑脸最多最顺眼的男人。十三岁那年，我要到县城上学了，便专门去了他位于镇上和我家之间半道上的家，他用一大碗腊肉和五个炒鸡蛋招待我。我说，全哥，我去读书，没人给我哥写信了，还有我，也会写信来，你得帮我爹。全笑笑，这个不消说，我会弄好。他对我的第一次喊出来的称呼似乎没有任何异议，直接导致我后来把他叫哥。

可惜我后来见到全哥的机会越来越少，几乎一年轮不上一次了，所以这一生，也没能亲口叫上几声全哥。我知道，那以后，全哥与父亲倒是每月都要见面，有时还不止两次。因为，他们每次见面的结果都要返回我手里，父亲给我的回信，每个月的伙食费汇款，毫无例外几乎都是全哥的笔迹。九十年代，我工作了。有次回家，父亲突然从家里翻出一个信封，里面塞满了几乎涵盖了我读书期间的全部汇款的收据，一时间让我的心中五味翻滚，不知那些汇款背后是怎样艰难的父亲。然而，父亲翻出“老账”，却没有炫耀自己伟大的意思，他说：“××全，好人啊，这里面起码有三分之一的条子，是他先垫了钱汇给你，慢慢我才凑了还给他的……”我这才明白，靠干苦力做木活、收入极不稳定的父亲，为什么每次汇款都那么准时，原来被我称为“全哥”的全哥，很多时候都在替父亲当父亲啊。

全是父亲的朋友，是我的恩人。

◎ 民办教师

胡急急忙忙走进教室站上讲台，手背还在不停地抹额头的汗。他头发很乱很长，手背掀起鬓角，便露出深深的鱼尾纹。他就是我人生的第一个老师，也是这辈子教过我的惟一镶着一颗金牙的老师。他家住在头道水村，学校出门，往左下去三四里路。他在十点钟上课前，肯定是先去了半道上他家的地里干了一阵活，要不然怎么天天那么汗流浃背呢？他上课我们都很安静，因为他骂起人来很凶，会骂脏话，还会冲下讲台揪你的耳朵。他教一二两个年级，同在一个教室，我在一年级坐左边，他儿子在二年级坐右边，他揪儿子的耳朵时比揪我们更凶狠。

岳教我三年级。他脾气好，即使他不笑，你也常以为他在笑。他还穿干净的衣服，习惯理平头，胡子也刮得清清爽爽，怎么看，他也要比胡儒雅。他家住下村，路程比头道水来的远，但他从来不迟到而且每天的作业也按时批改。他除了照着课本教语文数学，有时间还教我们写毛笔字。原因在于，他的字写得特别好，无论是写在黑板，写在作业本，还是专门用毛笔写在每个人的大楷本上当范本，他的字总是那么清秀端正。

彭接着教四、五年级。他很年轻，最多比我大五六岁，是初中毕业就来当我们老师了。他个子高，人瘦，喜欢小步快走，老远见他从操场过来，就像一段木桩在笔直移动。他家住水洼子，那时还没成家，经常在课间开我们玩笑，问谁家里还有没出嫁的姐姐，长得好不好看等。他告诉我们，乡中学一年只能招一百多人，能考上的人都不得了。为此他阴沉着脸，不断地逼我们做应用题、练作文、背课文，每天完成练习、没有错误才准回家。我们不走，他当然也走不了，经常到他放走最后一个学生时，天已黄昏，“木桩”才在暮色里快速向水洼子方向移动。

我说不上他们是不是好老师，但我是他们的弟子，这是无法改变的事实。今天，每当毕业季，看到城市的家长为孩子上个好的学校四处求人甚至送礼送钱的时候，每当看到教师节前孩子们都要在书包里带上给老师的礼物的时候，我都忍不住想起他们。那时，他们的身份是民办教师，就是以务农为生、兼职教书的人。最忘不了他们三个在教作文时，都出过一个题目叫“我的理想”。要我们写理想，他们得说说自己的理想做示范。胡说，他的理想就是两个儿子至少有一个读到师范，当上公办教师；岳说，他的理想就是如果国家政策允许他就不教书了，到乡上的集市摆个地摊，帮人写信写碑文，过年前写春联；彭的野心有点大，他想攒一笔钱，在成家前一个人出去看看外面的世界，第一站就是去省城飞机场，看看真飞机起飞时的样子。

我基本了解，他们的理想最终都没实现，原因就不说了，都几十年过去啦。几十年后，他们三个早就不教书了，但民办教师这个职业还在，改了名称，叫“代课教师”。前不久，我看到一个专题，滇西一个深山的代课教师，四十多岁，在某市机场对着镜头说他此生愿望。说第一个实现了，就是来到市里的机场看飞机起飞，第二个愿望是女儿能考上市师专，争取当上“有身份”的教师……我看了有些难受，也有些吃惊，他的愿望，怎么还和我几十年前的老师差不多啊？

◎ 夏之梦

1987年夏天，某市，“夏之梦”是市文化馆组织的那次文学朗诵大赛的名称。

我是名大三学生，同时也是想当诗人的高年级学生。我的诗，在校学生的油印刊物上每期都见得到，但有几个人读过我不知道。我想参加朗诵赛，可自己长相和声音都不好，于是想找两个人去参加，报名费由我来出。我有个玩得好的帅师弟刘，普通话讲的好，中气足，成为不二的男选手。女选手呢？觉得认识的所有女生都不合适，我就每顿早早打了饭，站在来回食堂的路边站着吃。几天后，目标看准了，一个一年级的师妹何，个头小巧，人好看，最重要的是甜。我拿出师兄的架势，从问名字开始，一场成功的谈话只用了三分钟。

我一个人踌躇满志地去文化馆报了名，排练开始了。作品是我早就准备好的，都出自我手，有些自私。我以为男声正好朗诵我想念父母的作品，女声适合歌颂爱情，抒发我对远方女友的思念。那时候是6月，暑假临近了，每个人都要奋战期末考，只有下晚自习才能集中练习。我们三个，站在篮球场上排练，球场灯熄着，人影模模糊糊，只有他俩或浑厚或恬静的声音回响在夜色里，不时引来过路的师生驻足聆听，他俩旁若无人，身心全在朗诵，让一旁的我，感动得不知说什么好。

有几天，练到十点半大家都说肚子饿了。我请了两天宵夜，有烧饵块，炸洋芋。第三天，我不敢吭声了，紧巴巴的零花钱，被我交了二十元报名费，几乎山穷水尽。刘家境比我好，他笑眯眯，依然每晚约我们到校园外买东西吃，最奢侈的一次是比赛前那晚，刘说他请我们喝啤酒。在离学校不远的啤酒店，四毛钱一大碗的散装啤酒上来，我们豪气干云，为“出彩的明天”干杯。就着一碗炸洋芋，一盘烤五花肉，我像个导演，指手画脚跟他们讲各种注意事项，尤其强调了朗诵到某句时我希望的表情。那时候，刘偷偷朝何挤眉弄眼，一会又说要上卫生间，对我说的明显不以为然，倒是何双手捧着下巴，专注得只有眼睛在眨。那时候我就想，要是他俩是我的亲弟妹多好，那样我就可以假装生气，踹刘一脚，何自然就会来劝我息怒。那时我有担心，所以心神不宁，甚至有点烦，但我不愿跟他们说。

那天晚上，一大碗啤酒把我们三个都喝晕了，回校的路上他俩各自朗诵着，声音依然不减。我跟在他俩后面，心慢慢舒缓了，想到，有此情此景，拿不到奖又如何？其实我的担心就是怕折腾半天一无所获，那时还年少，不谙世事，认为参加就必须拿奖，比赛就必须胜利。那天晚上，学校大门已经关了，我们翻墙而入，连何的动作都很麻利，不要我们帮忙。第二天比赛，刘异常沉稳：“人老大了，还想听鼾声……”何依然恬静：“越过这座山，你又要走了，我送你，送你被白校徽牵走的身躯……”结果，他俩的朗诵分获一、二等奖，两首诗分获作品二三等奖，括号，一等奖空缺。拿到奖金后，刘突然变成了“大哥”，何也变成了“二姐”，他们坚持把奖金集中起来，抵扣了报名费后平分。我拗不过他们，依言。记得，抵扣之后我们好像每人得了十块钱。

年轻的夏之梦，就那样圆了，无私，快乐，透明，简单。

◎ 开笔会

大三暑假前，我收到北京某杂志社文学笔会的邀请。对方是国家级刊物，我之前投过无数次稿件都石沉大海，邀请函居然说我“有潜力”。想去是百分之百的，可钱从哪里来？第一个跟女友说了，她当即拿出工作两年的全部积蓄，我又找父亲讨得少许，怀藏四百多元人民币，我把自己送上了北去的火车。

那是我人生第一次坐火车，第一次出省，第一次参加笔会。坐在火车上，新鲜，眼睛睁着，从云南到贵州湖南湖北河南河北，一路看大好河山，火车每停一站都要下车走走，五十五块钱五十多个小时的硬座，我只打过盹，没睡过觉。天热得要命，很饿，不得不买饭吃，到站还卖零食，口渴，没水喝，干脆买啤酒喝。那时火车上的盒饭啤酒应该说都不贵，但三天两夜吃喝下来，一百多块竟然已经不见踪影。车到北京，我蓬头垢面，到窗口买了第二天去承德的火车票，花八块钱找了个最便宜的旅馆，倒下，一觉就睡到第二天早晨……

到了承德市，找承德师专，报到，杂志社通知里没提到，现场却收了吃住游览费用两百多。钱交出去，被安排在学生宿舍，四个人一间，床也是学生的高低床，心疼了，三十多度高温下心凉，一种上当受骗的感觉袭上心头。幸好，竟然在名单看到一个云南老乡，我大喜过望，当即就找到了他的宿舍，从此和他形影不离，直到分手。

仲哥，他叫我这样喊他。仲哥四十多岁，个头偏矮人偏胖。我找到他的时候，他正用一块方格手帕不停地抹汗，圆圆的脸泛着炙热造成的红光。见到我，他也大喜过望，赶忙用云南方言招呼我：“你给热？他妈的我热不住了，这鬼地方简直就是蒸笼。”之后几天，我们听讲座、参观承德避暑山庄、外八庙，拿着手稿在杂志编辑的房间外面排队。来自滇东北高原最北端的他，吃尽了热的苦头，三句话不离热。那天，在避暑山庄，他拿本杂志当扇子，用方言对我说：“小弟，老子们上当了，拿钱买罪受啊，你瞧瞧，这么热还好意思叫避暑山庄，也不知当年慈禧太后怎么待得住，怕是一天泡在凉水里啊。”

“回家，赶快回家！”在他被留下一篇三百字的散文诗，我被留下一首不到十行的小诗后，他坚信杂志社在骗人，带着我连招呼都没打就离开了承德。我们在北京转了一天，他花一百多给老婆孩子买了衣服，我花二十多给女友买了一套白色短裙。看得出来，他花钱很慎重。但等我们要分摊吃饭住宿钱的时候，他坚决只要我象征性地出四分之一，说他那次是争取了出差待遇，可以报销一部分。事实上，我在回家的路上早已囊中羞涩，尽管他一再照顾，我的钱花到成都便分文没有了。那天，他主动掏出一百块钱，说借我。第二天，他坐长途汽车回昭通，我坐火车回昆明。分手时，他拍拍我肩膀：“小弟，我也没钱了，那一百块钱就算支持你读书，不用还了，你一定要省着花，安全到家啊。”我点头，但没完全听他的，大约几个月后，我还是把钱从邮局汇给他了，那时是1988年。

多年后跟几个昭通朋友问起仲哥，他们都说知道，还说他当过文联领导，不过已经退休了。“他人特好，仗义”，他们最后这样说。

恩人

二十八岁那年，老大不小了，结了婚刚生了儿子，我一个人去北海出差。因为没有见过大海，我算好了时间早到一天，找个宾馆丢下行囊，就急急忙忙往海边去。

一切就那样开始了，当风中的海腥味骤然浓郁，传说中的银滩已呈现眼前。我迫不及待地换了泳裤，把自己丢进了凉爽的水里。下午的大海正好起浪，一开始我很有分寸地站在齐胸深的地方。浪来时，我跳，浪一过，我笑。海水不停地荡涤身体，也掩盖了我初见大海的忘情和失态。没过一会，我嫌不过瘾了，返身上岸租了一个救生圈，双手高举，迎着海水和浪花跑着跳着而去。我的念头，似乎是想到达我认为能到达的最远地方，然后伏在救生圈上，让海浪把我送回来。

我当然不知道，那对于我这个从小生活在旱地、一点也不会游泳的人来说有多危险，所以直到水淹到脖子了，我还想进去那么一点点。就那一步，大浪来了，我依然潇洒一跳，下落时才发现晚了，海底突然消失，仿佛有鬼魅拉住我的脚往下坠，瞬间我留在水外的就只剩几个手指和几乎脱手而去的救生圈……混沌中，我本能地抓紧了救命圈，几番挣扎，头才得以露出水面，慢慢从窒息中回到能正常喘口气的状态。我猜想，在作用力与反作用力的推搡下，我已经进入深水区，必须套牢救生圈，才能慢慢游出去。

我想得太简单了。当我费九牛二虎之力将救生圈套到双臂下，往海岸方向扑腾一阵后，我发现自己离海岸越来越远，离远处的一艘大船反而近了。这让我呆若木鸡，不再敢动。我扭头四周看看，已见不到一个戏水的人影，除了静静的等待似乎没有别的办法。但问题是，天色已晚，还会有人来吗？我越想越害怕，不知不觉就喊出了“救命啊”，嗓子都喊哑了，仍然只见幽蓝的海水在我周围示威。我绝望了，也喊不动了，对过去的回顾和对未来的憧憬，对莽撞的后悔和对亲人的思念，一切在我脑海里乱作一团。我的生命就要这样结束了么？有一瞬间，我闭上眼睛，似乎认命了，脑海里想起普希金《致大海》里的名句：“世界空虚了，大海啊，你如今要把我带到何方？”

是不是我命不该绝？奇迹来了，有两个人出现在我的视线中。“救命啊”，我顾不得尊严，想抓住“稻草”。不一会，他们近了，一男一女，在我眼里似乎是太上老君和观音。到了我面前，男的二话不说，拉着我一只手便仰泳而行，女的跟在旁边。我紧紧拉住那只手，嘴里不知说了多少次“谢谢”，女的大声提醒我别说话，男的则一言不发，在喘息中沉默着。突然，他甩脱了我的手，把我吓个半死，以为他不管我了。“能踩到底了，你自己走吧!”他说。我伸脚一试，海水果然又复齐胸了。男的接着数落我：“你不会游泳吧？干嘛要进去那么远？要不是她说看见人影，我们都不会游到那么远，你可就真惨了！”女孩无言地朝我微笑点头，拉着男的就走了。我捡回一条命，胸口擂鼓般狂跳着，目睹他们消失在视线中，连最后一个“谢谢”都忘了说。

走回沙滩，我一屁股坐下，虚脱了。这才想起，我连救命恩人的长相都没看清，只记得他俩比我年轻，男的皮肤很黑，女的眼睛特亮。

◎ 借宿

敲开门，说明了走投无路想借宿的来意后，女主人把我让进了家门。男人正在一个人吃饭喝酒，我被顺理成章请上了餐桌，落拓的担忧一扫而光——这不是电影或小说的虚构情节，而是我的亲身经历。

二十世纪九十年代中期，我在某县做一个经济调查。那天，搭了一辆农用车要去某个乡政府，半途车子坏了，驾驶员说他要在车上过夜，叫我沿着公路下山，个多点小时也就走到乡政府了。如他而言，我一个人走下山，走进坝子，一个多小时就过去了。天渐渐暗下来，还下起了小雨。我打着手电筒走在粗糙的公路上，除了远处零零星星传来狗叫声，我一路竟没有遇到一辆车、一个人。

我从小在山里出生，长大，一个人走夜路已经不是第一次了。可以前走的，毕竟都是白天走过的路，起码走到哪里还差多少是有底的。那次不一样，心里没谱，路两旁又全是黑乎乎的苞谷地，走着走着，我心里便忍不住发毛了，这才想到，驾驶员说的“只要个多点小时”指的是他们，我已经好多年没有长时间的步行，速度要比他们慢得多啊。

我不得不往前走，又一点信心没有。一条狗突然近距离狂叫起来，我的手电循声照过去，苞谷地中间有条路，好像不远处就有栋房子。我从小怕狗，但那天也顾不得了，迎着狗叫声就走了进去……男主人是个话不多的小伙子，他给我倒了杯酒，然后静静听我说完，告诉我，乡政府离他家还有三四公里路，叫我不要担心，吃饱在他家睡一觉，第二天再走。

拿起筷子，我看到桌上有一碗腊肉，一碟花生，还有一碗南瓜尖。在那个县下乡已经有些日子，花生和南瓜尖我吃得多了，好像家家都是那两个菜。我累，又被小雨下的有些冷，狼吞虎咽两碗苞谷饭下肚后，又喝了两杯老白干，稀里糊涂就晕了，被男主人指引上楼，倒下就睡着了……

第二天醒来看表，妈呀，九点多了。翻身下楼，楼下空无一人，门虚掩着。我打开门，四处看看，没有人影，想走，又觉得那样不好。便搬个凳子坐在院子里。大约十几分钟后，女主人挑着一担水回来了，看见我立马招呼："大哥，你醒了？"这才看清，她二十出头，比我小多了。我打听她的丈夫在哪里，说打声招呼，要走了。她微笑："他早走啦，留话要我做早饭让你吃了再走！"我再三推脱，她不让，叫我坐下。

也就十几分钟，饭菜端上来了，跟头晚一样的菜，多了两包煮苞谷，碗筷只有一套。我正在诧异，她又笑了："你吃吧大哥！太早，我还吃不下！"我吃饭的功夫，她爽朗地说了好多话。我了解到，她丈夫在州里打工好几年了，昨晚是回来看她，今天一大早又赶回去了。"你们刚结婚不久吧？"我问。她告诉我，他们是初中同学，私订终身，两边父母都不同意，她老公赌气远离村庄盖了这两间砖房，两个人就在一起了，"结婚证都还没有呢"，她羞涩地说。

吃了饭，我说声谢谢，悄悄留了些钱在我坐过的木凳上就走了。心里本来还有句话要问她："一个人住着不害怕吗？"但最终没问——他们敢黑天摸地留我住在家里，又敢我还在家就出去挑水，还用问吗？心里透明的人，永远不会去想象黑暗的事。

◎ 睿智与矍铄

1983年，在全省绝大部分大专院校的师生都还不知道心理学、教育学为何学的时候，我作为一个贫困县的中等师范学生，突然就听说我们要学这两门课。

课说开就开，两门课的老师都是一个人，他四十来岁，额上头发朝后背，中等个头，身材适中。在他身上，我们既没见到中年男人难看的油肚，也没看到许多小时候挨过饿的五十年代生人永远不变的皮包骨头。总之，他给我的第一印象很好，干净干练。他告诉我们，他没上过正规大学，将讲授的两门课都是他的自学成果，实际是想与我们共同学习。那话是他的“老底”，但只会给他加分。听他的课，我们很专心，慢慢就发现，他的讲义与别的老师不同，文采好，例子多，本来我们都以为那两门课好玩，学了才发现很枯燥，又幸好他的发挥，我们兴趣盎然。于是私下议论，都说他睿智。

那时候，我是学生会干部、班委，是文章经常在学校广播里播送的人，也是会打架、带头偷偷抽烟的人，是全校老师和三百多名学生都认识的受争议的怪物。一个睿智的老师和一个不安分的学生相遇，学生先是小心翼翼，在课堂上发言，到办公室请教，后来干脆下了晚自习还跑到家里，喝他家的茶。一周末夜，师生谈得热烈，我烟瘾上来，跟他说要出去趟厕所。他看了我一眼，从桌子下拿出个烟灰缸：“想抽烟就抽一根，装什么上厕所！”那时学校规定，学生抽烟要记大过处分。那晚，在他家里，我真的掏出了烟和火柴。待我抽完一根，他轻描淡写地说了我几句，大意是劝我，家境不好就不要抽烟，费钱。

没过多久，校园里出现了一份名为《心花》的油印小报，谁都不知道它孕育于师生喝茶的过程：主意是他拿的，经费是他落实的，他是主编，我和另外一个同学是编辑。第一期小报，有他的文章，还有我的一篇散文，蜡纸是他亲手刻的，他在黑板上写的字并不规矩，可刻在蜡纸上的字却方方正正，正反两面数千字，他一丝不苟。我见到他刻，也找了蜡纸来试，根本不行，才知道他有“功夫”。小报出来，老师发到教研组，学生发到每班两份，又在校园宣传栏张贴，师生们还是意犹未尽，纷纷找我们索要。

小报大获成功，我对他佩服得五体投地。从此，师生界限似乎更模糊了，我不但敢去他家喝茶，还经常被他喊去家里吃饭。师母也是个很干练的人，漂亮，气质好，一对儿女，女儿好看儿子帅，我听说要看一个人的品位就要看他的家人，我看到了。有一天，从不抽烟、很少喝酒的他，竟然拿出一瓶好酒跟我们喝，说到，他本是县教育局副局长，机关钩心斗角，他是“鬼火绿了”，才辞职来教我们。教育局副局长是我们校长的领导，他说辞就辞，不是一般人。

但是金子总会发光的，他后来又被县领导请出山，当了很多年教育局长。我在省城，经常见他来省里领奖，经常看到报纸上介绍那个贫困县的兴教经验。我们见面很多，每次都能开心无憾。良师如父，良师亦友，他现在七十多岁了，身材、神情如旧，谈吐、反应依然，只有额上的“大背头”花白了，一生睿智的结果，诠释着我心目中的又一个好词：矍铄。

◎ 南窗偶感

办公楼是标准的南北向，中间是走廊，南北各一排房间。我有幸守着一扇朝南的窗，四季温暖。尤其到了冬天，大部分日子仍然阳光君临，使我不论忙碌还是发呆都远离寒意。

便有几分感激，在这个冬天冒出。

阳光自然是要感激的，天生万物，万物臣服，我本是宇宙一尘埃啊。那么，在我的生命里，像阳光一样温暖过我的人是谁？

是那个严厉的四川老太吗？1979年到1982年间，她揪过我耳朵，给过我每月两块五的最高助学金，带我去她家吃过饭。她爱穿高跟鞋，可鞋跟再高人也只有一米五几，站在一群初中男生中间，好比一群新楼包围的老街道办事处。她在数学测验得100分的人没有一半时骂全班，在大扫除没得学校表扬的日子骂劳动委员，在我这样的农村穷孩子成绩下降时，骂得你走路回家的力气都没有。但挨她骂你服，更重要的是她骂你也护你。一次，我和同学用石砂对打，不小心打坏了邻班的一块玻璃，被校长凶神恶煞地囚禁在办公室写检查，还说不赔十块钱就不准上课。十块钱，那可是当时我住校一个月的伙食费啊，巨大的数额让我目瞪口呆。她闻讯，自己掏了十块钱甩在校长面前，拉着我就走……沿着她的骂声，我们那个班几乎全考上了高中，后来又大半考上大学，成为那个学校空前绝后的一班，感激她的又岂止我？

或许，是那个纵容我在作文簿里跟他争口舌的大学写作老师吧？那是我一生中最为迷茫的日子。我渴望长大，可18岁了还觉得自己对世界一无所知；我有了爱情，可女孩在远方，天天苦等她的回信，稍晚两天就痛苦不堪；我想当诗人，可生涩的句子和得意的意象没有人欣赏。诗歌，小说，牢骚，我的心事都写进了作文本里。他接纳了我的倾诉，每一篇都细读细批，不管是不是他布置的作业；我呢，得寸进尺，得不到好批语就在作文本里写反批驳他。一来一往，我们都不露声色，我的作文簿用量是别人的五倍，他对我的耐心是别人的十倍。他厌过我吗？他笑过我吗？他会记住那个狂妄无知但也勤奋努力的少年吗？1988年，我们分别时他在我的纪念册上写过14个字：愁破浮云笑断肠，天下何处不知音。

抑或都是？小学那个朝死地逼我们做应用题的民办老师？师范那个教我们照相和冲洗照片的班主任？大学期间，那个表情凝重、内心有谱的刚？帅气耿直、不谙世事险恶的翔？心直口快、永远视学生为弟妹的泓？小时候，父亲曾从一个算命先生那里得过一句话："你小儿子若有贵人相助，必成大器。"父亲在世时以之为神谕，常拿这句话来教育我，说吃水不忘挖井人，做人一定要懂得感恩。时过境迁，我的"大器"在哪？或许根本就没有，或许还没到来。但我发现，温暖我的"贵人"，我要感激的"贵人"，我坐在向阳的办公室写这篇文章时想念的"贵人"，竟然都是我的老师。也许，世间万人，惟老师能像父母、兄长般，教你帮你而无须理由罢？那么，学生好好做人，努力做事，为老师长点脸，就更不需要理由了。

◎ “邻家阿姨”

我当过几年记者，采访过若干名人，其中印象最深的莫过于赵丽蓉。2009年写这篇文章时，她离开我们已经整整十年，算是一个“侄子”的纪念吧。

1996年，金鸡百花电影节在昆明举办，我预先得知自己喜爱的赵丽蓉老人将在开幕式上演出，便花了很大精力，在她演出当天下午找到了她住的宾馆房间。

门一开，一个穿白大褂的女医生堵住了我。“我找赵阿姨！”按照事先设计，我装作很理直气壮。“对不起，她不舒服，您请回！”对方说着就要关门，这时房间内传来了一个声音：“谁啊？让他进来吧！”

进去才知道，在电视上活蹦乱跳的赵老病了，精神状态很差。没等我自我介绍，她先说了一大堆“丧气话”：“小伙子，你看我这样子难受不？我心里更难受呐！你得替我告诉观众，我这次来云南失礼了，没有新节目，老节目还可能演不好……”那天，不等我问什么她就跟我拉起了家常，没有丝毫架子，和蔼得就像一个十分熟悉的邻家阿姨。

赵老是应邀作为“百花”颁奖人出席开幕式的，到了昆明才临时“被迫”在开幕式演出。她告诉我，年纪大了，历年来总是被疾病缠身，先是落了个气管炎病根，后来演变成了肺气肿，稍稍一动就喘个不行。“不怕你笑话，我来到昆明哪都没去，待在房间里接受治疗呢，我得攒点力气，为今天晚上的节目拼搏啊！”她说。谈到演戏，老太太变得特别兴奋，说她自己没上过几天学，没演过很多戏，所以特别感激观众的认可。她说电影《过年》在全国上映后，她走到哪儿都有人喊她“妈妈”，把她感动得诚惶诚恐。

赵老最早演的是评剧，做新凤霞的配角多年，“文革”后新凤霞病倒了，一出《杨三姐告状》让她崭露头角；电视剧《红楼梦》导演谢铁骊几次才说服她出山，“非赵丽蓉演刘姥姥不拍”；而《过年》剧组是“六顾茅庐”才请出她这个“妈妈”……“那可不是摆架子，是心里没谱不敢乱接戏啊！演砸了，自己丢丑不说，人家的胶片贵着呢，最后也对不起观众啊！”她说，“好在我这个人勤快，笨鸟先飞，没丢过大丑，你说是不是？”说到这她露出了孩童般的笑脸。她告诉我，那几年，光为了参加央视春节联欢晚会她就付出了很多：1995年春晚那段“迪斯科”，她之前在家扭了几个月才“找到感觉”，1996年春晚里当场写的“货真价实”四个大字，她提着毛笔天天练字，用掉几大捆宣纸。

“可惜岁月不饶人啊，眨眼我就要奔七十了。”赵老抑制不住流露着对舞台的迷恋与无奈，“对了，你知道我为啥让你进门吗？我想知道你为啥不认识就喊我阿姨？按你们云南人的习惯，至少要叫我大妈吧？”我笑了，解释说她比我父亲年纪小，只能叫阿姨不能叫大妈。她点头称是：“阿姨好，显得我年轻……”

可亲可敬的阿姨！当晚，她在电影节开幕式上又唱又跳，演出了小虎队的名曲《爱》，如果不说，谁能看得出她疾病缠身呢？那次，我采访她的文章见报后被全国十多家报纸转载，我知道那不是文章好而是赵老的德艺双馨使然。可惜三年后，她老人家永别了我们，连我们约定的到北京去看她的愿望都没实现……

◎ 宅心仁厚

说起来，费嘉就是个“块汉”。大家都知道，“块”在云南话里就是魁梧壮硕的意思，二十多年前，从第一次见到开始，他给我的印象就是如此。另外，“块”在云南话里同样可以用来形容为人，比如从容、宅心仁厚等，总之就是值得尊重。两层意思，是2015年6月某日在昆明白云巷与师兄韩旭不知怎么就说起来的，我说完，他白了我一眼：“你晓不得？老费去年就走了！”

说实话，老费走时我的确是不知道的，等我知道了，老费已经是安安静静躲到地下的一片落叶。我生自己的气，为没能看老费最后一眼而很不好过了许久。我一直认为，我们早就是成熟的男人了，但并不老，尽管老费比我大好些岁，但也不老，起码还不到退休年龄，起码顽皮还在，据说去年上半年还准备跟手下的年轻人比赛骑自行车……

人都走了，两层意思的第一层是不用去说了，说后一层。那是1990年，我大学毕业了，在昆明东郊有时间就是写作。积攒多了，难免想有点出口，《春城晚报》的“山茶”副刊，据说那时代表着云南精短散文、诗歌的最高水平，某种程度上正是当编辑的老费苦心经营的结果。那年冬天，在没见过人、只知道他是恢复高考后云大中文系第二届大师兄的情况下，我选了两篇认为自己最好的散文寄给他，附信一封，直呼“老费，你好！”没有超过一个月，两篇散文一起见报，我高兴死了，准备继续投稿。

就在那时，我见到了老费。七八个人的饭局，一个身高脸阔的大汉说起作者，突然问我认识的一个朋友认不认得朱兴友："狗呢，第一次投稿就喊我老费，亲热得很，我想了半天却认不得。"朋友指着我哈哈大笑，他才恍然大悟："你改？咋个那么跩？我还以为比我块呢？"我忍不住也大笑了，抬着酒杯，说敬"费老师"，他一愣："这称呼更别扭，算球，你还是叫老费吧，不过以后半年才准投一次稿。你不知道，山茶的来稿堆成山呢，熟人的稿子多了，我为难。"话是那么说，没过几天，我半夜梦中醒来，抓起笔半个小时就写了一篇散文，以为是神来之作，非"山茶"莫属，第二天誊抄完就直接送到他手里，他虎着脸，说声"再说"，第二周却又让我见报了。后来……

后来我们熟了，成了朋友，我果真不好意思再给他稿子。最后一次求他发稿是十几年前，我也在一家报纸当编辑，收到一个山村代课教师的来稿，觉得好，发我的报纸可惜了，便转给了老费，他也说好，就用掉了，老费就是这样。他自然是个有才的人，所以当了作家、诗人，又勤恳得像头牛，所以当了晚报的领导。但如今，这些似乎都不重要了，重要的是老费像哥，太像。就说有一次小聚，一个朋友喝多了，没力气走远，就近靠着老费，吐了。老费紧紧地扶着他，轻轻说，我才穿的新裤子呢，我都舍不得吐，却让你先吐了，哦，难受就继续吧，吐完掉就好过了……

人活在世上，必须过好日子才能写作，必须照顾好家人才能善待朋友，所以，我和老费总体上见面并不多。但我忘不了，每次见面，老费总像一尊雕塑坐在那里，沉稳着，率真着，可靠着，不管嘴巴上怎么损你，都不影响他的"块"状。

◎ 三个同事

同事通常是一种既紧密又平常、既友好又微妙的关系。一辈子同事多多，不是每个都值得说，也说不尽。这里说的，是我人生第一拨同事中的几个。

1990年，我毕业了。一进6月就像乖巧的小羊，每天背着资料到系里的会议室“销售”自己。一天，我去得早，才七点半就到了。会议室门还没开，一个三十来岁的男人站在门口抽烟，问我系领导几点来，还主动发了一根烟给我。我很不客气，接过来就抽。两个人站在走廊上神侃，我天马行空说了很多话。接下来的事情吓我一跳，他竟是某个厅的人事科长。听他跟系领导说话，我回想刚才的言行，断定自己没戏了，正想默默走开，却被他叫住了……结果是，他要了我，我一下进了省里的大机关，

我到了单位，工作是秘书，不是谁的秘书而是为所有厅领导服务。每天，我的主要工作就是穿梭在他们的办公室之间，传送文件，上勤下达。通常，我走进去，领导都是不说话的，最多点点头，保持威严嘛，也正常。只有总工程师，括号，副厅级，他特别爱说话，每次我去都要逮住问两句，或开玩笑，比如问我泡过几个女朋友。时间久了，我发现他走路腰板很直，特别精神，人又乐观，从不发火。有一天，他把我叫进办公室，给了我一块

生牛肉，叫我拿回宿舍煮吃。从那以后，他经常从家里带生肉给我，说亲戚朋友送的，他家人少吃不完。那时一个月的工资全部也就够买十斤肉，我乐大了。

过了两三年，我打结婚证了。说来好笑，那时基本还没有存款，结婚的理由也很好笑，就想让单位分套房子，好从集体宿舍搬出来。囊中羞涩是不用说的，凑了点钱卖了简单的家具就基本没钱了。婚宴摆不起，我打算在家里自己弄两桌，请最好的朋友同事喝一顿了事。可谁来煮饭呢？楼下就住着单位食堂的大厨，但我们没啥交情。那天，我鼓了勇气去敲他的门，吞吞吐吐说明用意，他想都没想就答应了。我用“预算”里仅有的两百多块钱卖了酒菜，他在我的厨房忙了一天，晚上果然弄出两桌有模有样的菜来，让到场的人啧啧称赞。那天，所有人吃喝兴高采烈，酒不够了我不知道，是他回自己家又拿了两瓶。事后我说给他钱，他笑笑，就当我给你结婚的小礼物吧。

三个同事的事说到这，我本想说那些年我福气好，全遇上了好人，或者这世上本来就是好人多，让一个刚从学校出来、在城市举目无亲的学生心里温暖，也养成了与人为善的习惯。但这篇文章的结尾不是这样的。大约又过了几年，我调动工作，与原来的同事来往自然少了，那年突然就听说人事处张科长重病。我赶到医院，他已经说不出话来，只是拿手捏紧我的手就不放；食堂的毕师傅更快，头年还见到，第二年听说，他已经离世几月……他们俩，一个才四十来岁，一个五十不到，都吓到了我，我赶紧驱车跑到总工程师家里，见到年过八十的他，身板依然挺直，但眼睛已经不行了，我快步上前，拥抱了高大的老人，怕他看见我的眼泪，我就把头埋在他肩上，一瞬间还决定了一件事，那就是善待所有的、不管关系好坏的同事。

◎ 你要安好

从童年算起，曾经出现在我身边、年龄跟我一样或比我小的人已经好几个非正常离开世界了。

最早应该是大苍吧？大苍名字很响亮，人却非常瘦小。他是我小学的同学，家离学校很远，经常迟到，人又调皮，学习差。五年级的时候，他是全班倒数，我是全班正数。老师安排两个“第一名”坐一张桌子，他经常在上课时挠我，我俩就经常在课间打架，通常是我追他躲，躲不过就趴在地上任我收拾。有时气急了，我会用脚踩他的屁股，他爬起来，拍拍泥巴还是朝着我笑，弄得我无法跟他翻脸。一个星期天，他放牛时滚下了深崖，得到消息全班都哭了。老师说，大苍其实很聪明，只是家境不好，他不想读书，没想到小学还没毕业他就……

大苍死于老家无情的山川，而我另外两个大学同学则死于莫名。一个身体很棒，特别喜欢在夏天穿背心上晚自习，鼓着胸肌从讲台上走过，有时还扬起手臂抖抖肱二头肌，声称那是活到百岁的身体。大学毕业，他到一个山脚下的教中学，课余天天爬山，在山上生挖得“草乌”若干。草乌好吃却剧毒，这个他很清楚。但他还是忍不住煮而食之，中毒而死。我的另一个大学同学，是全县高考文科状元，第一志愿报的是外省一所名校，没被录取，只好在云南读大学，失落和愤懑贯穿大学四年。毕业，他进了好单位，多少同学垂涎欲滴。他却因为要下车间锻炼而愤然出走，外出闯荡未果。回老家开了个小卖部，坐守孤灯。某夜，他喝自己卖的白酒、啤酒，最后打开了一瓶农药。有句谚语说，一个人面对诱惑就不能自持，或者守着一口水井还时时感到饥渴，这两种状态都是危险的。两个同学，死时都不到三十岁。

前些年，我在下乡的时候认识了阿震。阿震是福建人，他父亲在云南开了很多超市，儿子却只有一个。阿震长得很帅，二十多岁娶了个美丽的女孩为妻，女儿都有两个了，他说还准备往下生。阿震还很能干，被父亲不断派往各地的超市担任经理。我就是在那个县最大的超市买东西认识他的。他常常亲自收款，动作麻利，很会说话，让你不由自主成为回头客。但阿震也有不好，喝酒很猛，还爱赌，打麻将非要几千一炮。后来，我们都回到了省城，偶尔接到电话，见阿震开着好车，送来一些自家乡空运的海鲜。看见他忙碌而有礼貌的样子，我想阿震是成熟了。去年夏天，我偶然打他手机，电话是他父亲接的，语气冰冷，说阿震赌博输了几百万，喝酒，跳楼了，说完就挂。那天我拿着手机站在街边，大脑空白，想不通一个年轻的生命，怎么无声无息又到天外了。

世事无常，许多认识过后来又没联系的，估计还有不少人夭折了。有时候，我们忘不掉逝者，特别怀念他们，希望他们在天堂安好；同时，在偶尔想起他们的时候，我更希望活着的、认识不认识的人都珍惜自己，平安快乐，顺利到老。

◎ 盘点朋友

“盘点”好像是阶段性的、结论性的事。这年的这一天，我突然就想起好多朋友，真有点想跟他们算算账的感觉。

朋友买买，他是我在这里惟一能直呼其名而不致有后遗症的人。三十多年前，那个孕我生我的山村，他身经百战，制服十几个凶狠的放牛娃而为王，让我当上了“军师”——二把手。那时候，我体弱、敏感，成绩全班第一，已经开始骄傲，唯独打架老输。用价值观去衡量，买是此生第一个重用我的人。

朋友B，中学时代我们共同学习，一起当班委，谈人生，生吃他家藏了四年的老火腿。一些岁月，我们不知为何，像谈崩了的恋人般不搭不理。后来不知过了多久，我专门去一个乡镇中学找他，我们喝了一大瓶小卖部最好的杨林肥酒，挤在他的单人床上说了一晚上话。天亮后，我们好像都真正长大了，从此来往间中规中矩，热情依然。

朋友C憨厚而强壮，发情的岁月他用自行车带着我狂奔，遇一摊雨水，他问我刹不刹车，我说不。我们都溅了一身泥，但也很快追上了前面一对散步的女孩子。稍后他在县里当了官，有了专车，遇到过车祸。有几次见到，我激动地提及过去，他似乎全不太记得了，弄得我的心因隐隐作痛。

朋友D，孤儿，冷寂，长得帅。大学时他给我讲过一个故事，我陪他做过一件蠢事。故事是他小时候无依无靠，一个成年流浪汉收留过他，把仅有的面条煮给他吃，没有油和佐料，便到门外扯了一把桂花撒在他碗里。一件蠢事是我们曾经接连三个昼夜守在火车站，就因为他听说一个女孩“最近有可能坐火车来看他”。

朋友E，我们认识很早却素昧平生，也许是因为我外向他内向。大学毕业后单位相邻，家庭结构相似，生活上很多事情比肩接踵：他在报社时我在机关做秘书，我进报社后他到机关做秘书；我当爹他来家里吃饭，我儿子开荤吃的是他婚宴的菜；我的儿子二年级，他的女儿一年级；我的儿子头年高考，他的女儿正好参考。来往因此岁岁年年，是缘分的最朴实呈现。

朋友F，大学某次选修课考试，写篇论文，一个系只有我们两人得了91分，其他都是八十几。那时候的分数到了社会上一文不值，可我不知道。工作中有一段，我经营广告，他开着广告公司。报纸歉收，我去求他。他把一个大客户的广告全给了我，一年下来我业绩突出，才想起我本来可以给他多争取一点折扣，但没给。

朋友G，当年他考了大学没钱上，辍学打工，挣了些钱又考上大学。几年后，我们从不同的学校，被分配到一个机关。工作第

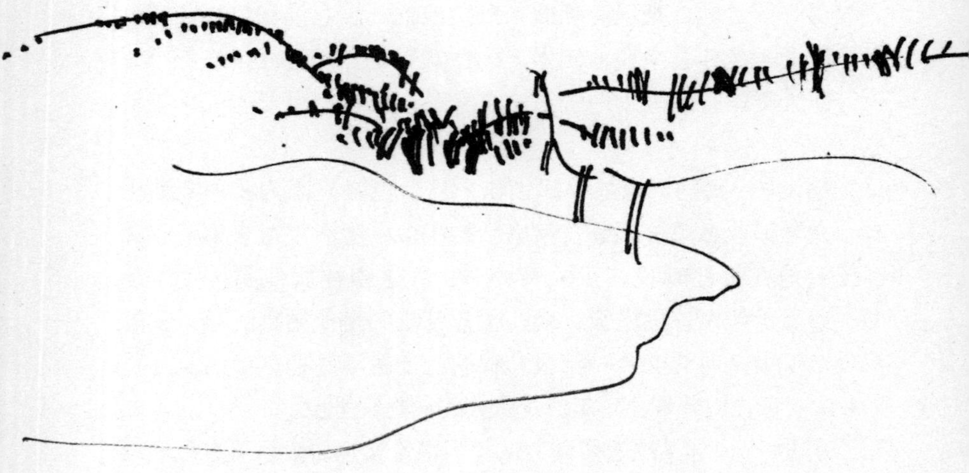

二年，我们每月工资百余元时，他借钱两千卖了套组合音响，立马被单位调查收入来源。几年后，他快当上副处长时突然宣布辞职下海，吓呆了一栋楼的公务员。如今，他开大奔住别墅，一个理科生，没事竟然随时写点文章晒在网上，并经常嘲笑我这个正宗的中文系毕业生“不务正业”，不好好写文章。

朋友H，东北某个伐木工人的后代，当年以沉默的方式，让父亲读懂，掏出仅有的四百块钱，把他送上南下闯荡的火车。自然，他后来有了比四百块多无数倍的钱，接父母在侧，接弟妹在侧，有很多朋友。我们年龄相仿，但那些年，我的孩子都老大了，他还没有女朋友，我们只要相聚，他总说酒品看人品，我们喝啊，吵啊，合唱《上海滩》之后，他通常会沉默着，连喝三杯啤酒。我常和另外一个朋友薛一起猜测，他是在悄然怀念初恋。

朋友I，一个周伯通式的老人，我们曾一起出公差，不去开会而流连在江浙的沈园、三味书屋、西泠印社一类的所在，无老无少，搂肩搭膊，还举路费之外的余钱合买了一麻袋后来才发现上当的龙井。他写，他画，他书法，他教书。我一去他家，他就把新弄的诗歌散文小说评论油画国画行书草书统统搬出来，一样一样，口若悬河，如数家珍，直至我头皮发麻还不放我走。我真怕了他，又以为在我的文人朋友中，他的酸味最正。

朋友J，他大眼睛，双眼皮，在网友圈里被评价为大眼闷骚。我们在一处上班二十年，做哥们也就十年 。我经常嘲笑他在男人堆里口若悬河，遇上女人却木讷嘴笨。但我心里知道，他不畏权贵，对朋友和弱者却两肋插刀，在没有真情的年代，他把真情看得比命还重。阿Q点说，在单位，我们都属于那种不得意的人，却又是得意的人不敢小视的人。

朋友K，说完他我就不能再列举了。他最大的愿望是在冬天围炉而坐，与朋友喝口烈酒，谈谈爱情，可这么多年我们有多少如此干净的时间和心情？我时常冷不防想他，很霸道地约他喝酒，说些很隐秘很真实的话，他每次的耐心都让我不好意思。我想，他的脸庞一直清瘦、一直善良，我的脸庞一直黝黑、一直倔强，这些，是否正是我们的可爱?

买买，我要去你亲手盖的大瓦房里回忆童年。

B，少年的心事少年懂，成年的心事自己揣。

C，多想我们四个人再玩几次同样的游戏。

D，告诉我，我们等待过的那个女孩到底长什么样子?

E，将来老了，希望我们还能一如既往，彼此无愧。

F，如果生命重来一次，我怎么也要多给你争取几个点。

G，挣钱你是好手，实用；写文章我更自信，但纯属自娱。

H，大把的银子，光芒万丈，但谁来买走你曾经的感伤?

I，我家里已挂满你的画，你别再妄想收我儿为徒。

J，什么是朋友，什么是弟兄?

K，朋友就是天天见是这球样，多年不见还是这球样。一生识人何其多，几人能有这球样?

第六辑

深居府夹城

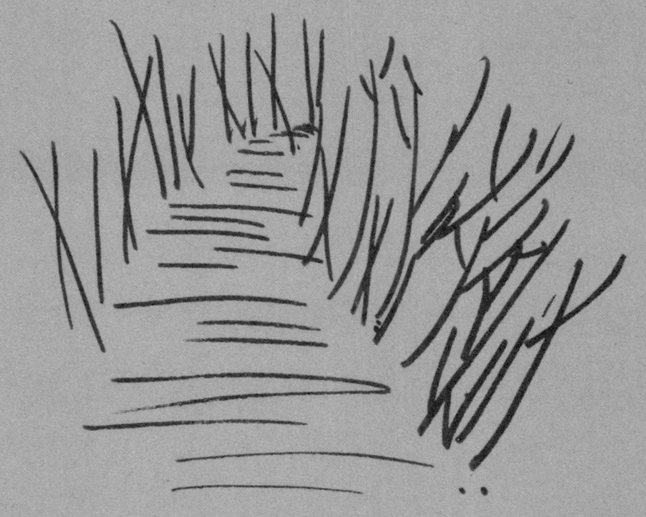

我突然觉得饿了。小时候回家，见到妈我就会饿，后来妈没了，爹就笨手笨脚煮给我吃。我知道家里的炉火上煮着腊肉，因为黄昏的炊烟里有肉香。

我想告诉你，到家了，相依而身心有所归的日子就在眼前。

我想告诉爹，小儿子回来了，还给他带回来一个漂亮的女儿。

我想告诉世界，我有爹，有家，有爱人，将来我还会有孩子，此生我再也不缺什么了。

——《回家》

◎ 背风的墙角

在老家，背风的墙角往往朝南，已暖。若能再落一块清清爽爽的阳光，便足够让你在冬天也能暂时忘却世间还有冬天这类事物了。这样的地方，本来是普通而又普遍的，但多年来它在我的脑海里总定格得很具体：正屋的大墙与厢房的矮墙交接处，一个直角形的并不深邃的空间，大约能容三四个人挨着蹲。大墙沧桑，矮墙年轻，二者正好像那些年蹲在墙角的父亲和儿子，对面是一棵几回枯了又萌绿的桃树。

事实上那就是老家房屋的一部分，背风的墙角，我生命的原点，有显眼的土坑，包容我的整个童年和大半个少年，以及后来零零星星回去的日子。墙角最初的意义是排遣被骂的难受、缓解饥饿的痛苦。挨骂自然是淘气招来，爹不管，妈管，妈急的时候不仅骂，也打。挨了打骂不能回嘴，也不愿意哭，那种情况别无它去，只有墙角。饥饿是因为能吃，既不见长高也不长胖，却时常吃光家里所有的冷饭依旧不饱。前世多半是饿鬼，妈斥。在骂声中低头走开的经历，使我至今说得清自尊心产生于哪年哪月，促进穷人的儿子早当家，提前了我走入墙角的另外一种方式——大约五岁开始，我每天都要钻进庄稼地拔猪草。当我回家，汗流浃背，寒意袭来，手里拿上妈妈赏赐的苞谷饭团，理直气壮走向暖暖的墙角，一屁股坐下便不想动。太阳快落了，还没落，妈出来抱柴，同时喊一声，我儿，回家。

墙角最好的功能当然是晒太阳，可惜最初只是我，爹忙，妈也忙。那时候，我同所有孩子一样渴望过年，因为过年的日子，妈会在桃树下摆开针线箩。妈闲，爹也就闲了。阳光特别宽容，我穿梭于爹和妈之间，心放在肚子里，无比踏实。爹蹲在墙角，有事无事地引着妈说话。妈不语，只是低头微笑，忙自己的针线。爹不急不恼，旱烟裹了一根又一根。桃花开得正艳，妈妈在偏晚时分起身，抖落身上的花瓣，走两步，将手中的新衣裳披在爹身上……你妈使针的样子扎实好看，爹说。爹之所以若有所思地说这句话好多回，是因为最早告别墙角的是妈。因为劳累，我才开始上小学妈就走了。她走，再无爹过年闲坐的景象。墙角又只剩我，过早学会回忆。

大鸟小鸟，有窝才好，早出晚归，你好我好。妈教我的惟一一句顺口溜，并没有阻止后来的变化。妈历来不主张我读书识字，实际上是不希望我离开风雨中安然如山的家。妈是跟爹兵荒马乱中过来的人，胆小。但爹不同，爹在妈走后坚定不移地怂恿我上学，自己落得一份彻底的劳累、孤独和不可避免的对儿子的牵挂……爹老啦！多少年来每每远归，我都要在回家的途中警告自己。可一旦回到爹身边，我总看到他依然健朗，依然忙碌。倒是我，像个无事的废人，只会跑到墙角发呆。某次，爹走到墙角端详我，突然大笑不止：龟儿子，瞧你白头发比老子还多了，你既不缺吃少穿，还愁个球？我清楚地记得，那是爹离世前的两年。直到那时，我才发现，爹已八十，我三十多，需要避风的却不是爹，而仍是我。

◎ 硬朗

硬朗，现代汉语释义为“老人身体健康”。冒昧而言，此义不够全面。我心目中的解释是：硬即健壮，言身无恙；朗指清白，言心无愧。合起来，应为“老人身心健康”。

空口无凭，有例为证。

父亲是活到八十多岁才辞世的。直到生前一年，他身体仍然无痛无病，不仅能跟年轻人一道嚼花生吃辣椒，还酷爱食冷，常常用家里的冰箱自制冷饮喝，每天快速上下六层楼若干趟毫不喘息。老人家毫无老相的状态，让所有见过的朋友啧啧称奇。只有做儿子的知道，父亲的体健心宽，来自一生的勤奋和无愧。

年轻的时候，父亲为了养家糊口，不得不步行来往于家乡与省城的两百多公里之间做小贩。一趟来回二三十天，除了身上沉重的货物，还得面对兵荒马乱。天生胆大仗义的父亲，在同行的一群人中，有土匪拦路时走在最前面的是他，有饿狼尾随时走在最后的是他。他肩上变换着家乡特产和盐巴、火柴、布匹，支撑了一大家子人的生活。解放后，父亲不再奔走省城，而是凭着自己的勤奋，学会了木活手艺，并且很快成为故乡方圆几十里闻名的木匠，经常没日没夜地帮人盖瓦房、做嫁妆。那时候，不管别人有钱没钱、钱多钱少，他总是有求必应，白白帮人干了不少累活。而要说到亏心事，据他描述，父亲一生只干过半件。二十世纪六十年代末，以不参加生产劳动“只干副业”为罪名领头批判父亲的生产队长，轮到自己盖房时却也不得不求父亲。出于气愤，父亲在制作某棵木料时有意做了点手脚。当夜回家，却一夜未能合眼。第二天一早，他便悄悄做了彻底的弥补。父亲说，别人作恶，自己不能跟着作恶，否则内心不安，天理难容。后来，生产队长主动示好，两家的仇恨烟消云散。父亲的这种坚持晚年不渝，最终使他朗如皓月，弥留的日子几乎没有病痛折磨，逝世前一刻，仍然面带祥和。

作为儿子，我对“硬朗”一次的理解便来自父亲 。父亲的言行明明白白地告诉我，硬朗不仅仅是个汉语语词，更是一种人生境界，它完全可以突破对老年人的专指而作为每个人应该追求的健康目标。说句高尚点的话，倘若每个人都能尽力保持一生的硬朗，那这世上不就没有了掠夺别人的小偷、抢劫犯，没有了出卖灵魂或肉体的堕落者，没有了贪污受贿、买官卖官的蛀虫么？

◎ 依稀慈母容

为文大半辈子，提笔却很少涉及母亲，不知她老人家理解否？若然，她便该知道儿子是无数次下笔不忍，今天是含泪泼墨了。她该知道，母子阴阳一别几十年，令她去不瞑目的我已经胡子拉碴，她的孙子也长大成人。

母亲不是多伟大的母亲，那一双手能上山也能下地，只是因为一生养了众多儿女，后半生全陷进了家务里。她在世而我始记事那些年，正是家里人最多的时候，老至父亲，小到三四岁的侄儿，十几口人等着她煮的饭吃，从挑水烧火到煮饭炒菜，外加扫地洗衣服喂猪鸡，凌晨起床半夜睡，她从不要谁帮手。日日如此，家里人干活回家就吃饭，有时还嫌这不好吃那不香的，特别是父亲，每顿少不了喝杯酒，母亲得千方百计给他弄个下酒菜。众口难调倒也罢了，最难的是那些年粮食不够，日子紧巴巴，弄得母亲煮着上顿愁下顿。很多时候，大家都在吃饭，母亲却在忙着别的事，那肯定是她知道饭不够吃而自己不吃了。

为了养家，父亲在参加生产劳动之余，还得偷偷出去帮人做些木活，挣的钱都拿去买粮，家里还是经常出现断炊的危险。幸而母亲养了很多只母鸡，下蛋，孵小鸡，家里的很多希望就拴在鸡身上。那时，街天之于我就等于节日，因为每个街天，母亲总要颠着小脚，去几十里外赶集卖小鸡、卖鸡蛋，换回盐巴洗衣粉，或者一袋粮食，也免不了从集市给我捎来几块米花糖之类。山里的孩子，要求是不高的，我拿到点礼物就欢天喜地，母亲却常常累得坐下就站不起来……我的一生，怕是没有机会见到比母亲更瘦的老人了，不但瘦，还脸色蜡黄。要知道家里本来就生活紧张，她又比别人做得多吃得少，育儿而没有补养，劳累而不得喘息，哪里还有健康可言呢？

也许是人母难做家难当，母亲的脾气非常怪，常常是骂了你还几天不理你，家里从老到小都怕她，惟独我这个小儿子，她是也骂也心疼。她在世的最后两月，病魔变得疯狂，她仍然不肯到医院治疗，白天撑着干活，到了夜里家人都已经入睡，才听得见她忍不住呻吟。我睡在她旁边，只能悄悄流泪。母亲似是知晓，她黑暗中伸过手来为我抹泪，口中自言自语：“我是活着受罪，死了又担心你们长不大啊……”其心苦楚，幼小的我又能体会多深呢？她呻吟时我哭，她不呻吟我便忘记。那段时间，因为她病，父亲常常买些糕点要她吃，可她自己从来不吃一口，总是每天趁别人不在拿一点给我。我吃态之贪，常逗得面若枯叶的她露出难得的笑。

说起来，母亲活着时事事宠我，却不赞成我读书识字，说书本不能当饭吃。回想起来有些好笑，但也不是没道理。这不，我违她愿而读书，又在陌生的城市挣扎这多年，未见所成，却变得四肢无力，身心被拴得牢牢的，连经常去她坟头添把土的愿望都难实现。一如今夜念母心寒，纵然倾情笔端，又能寻来几分暖意呢？

◎ 斧声

这世上学得会木活的人，其他就什么难不倒，爹说。爹专门告诉过我，他当木匠是为了和爷爷赌口气。因为爷爷是私塾先生，把识字念书的大事传给了大爹，说爹笨，啥也学不会。

我开始记事的时候，爹已经是五十多岁的人了。家里随时有人来请他做活，那些人都喊他“大木匠”。我当时不知道那省略了姓氏的称呼分量多重，我只在想，在家里，“大人”是最了不得的，那么“大木匠”就是木匠里边最了不得的了。“瞧，这就是大木匠老来才得的小儿子，福气啊”，在村口捉迷藏、在水沟边玩泥巴时，经常有过路的人这么议论我。我不认识他们，但一听便知道他们都认得爹。

做儿子的因为爹而那么受人关注，幼小的心中对爹的崇拜便是无限的了，时刻想和爹在一起的心情，就像一件合身的衣服贴在我身上。很多时候，爹都乐意带着我。我到哪村与哪村的孩子玩，我的足迹和朋友，也跟着爹遍布村村寨寨。有一次玩累了，在人家还没完工的新房子里，听着爹的斧声就睡着了。醒来听不见爹的斧声，我茫然四顾，原来自己正躺在爹腿上……稍后，我上学了，不能天天跟着爹，爹的行踪却被我牢牢掌握着。有时候几天不见，想爹了，他在哪村做活，我就抽空跑到哪村的山头，隐约听见斧声，或者根本没听见，我都似乎看见爹了。

爹对我的在乎超过他自己，尤其是妈去世以后。那时，我猜想自己此生必然子继父业。十二岁那年，小学毕业了，我就主动跟爹说想跟他学木匠了，爹却摇头。他亲手为我做了个结实的书箱，把我送到了离家几十里的镇上读初中。在那段我第一次走的路上，爹严肃地说，儿子，你是左撇子，木活你搞不成，不如读书，读书好啊，当年你爷爷要是让我读书，我也不愿当木匠……

我就那样离开了村庄。但我也知道，我一走，爹的斧声又响起来了，一斧头，又一斧头，每砍一下都在用气力交换儿子的学费。起初，我每逢假期，回家，第一件事情便是打听爹的下落，循着斧声去见爹。爹一见我，总是丢下斧头，跟人家说声“歇两天就来”，然后伸手搂我：“龟儿子，回家！”

后来，我离故乡越来越远，自然也远离了爹的斧声。只有每次收到爹的邮局汇款时，斧声便在脑海里回想。记得那年，大学毕业有了工作，便赶忙写了封信回家报喜。没过多久，竟又收到爹的一个汇款。我一揣摩，就知道爹是怕我初到单位，工资不够花……那年，我结婚了，忙着接爹来小住。在我城里的家，爹等到所有人都睡下才打开随身的包袱，拿出一把锋利的斧头：“龟儿子，爹给你带了把斧子，瞧你这家也用不上，留着做念想吧，放在干燥的地方，不要让它生锈……”

◎ 老泪

幼年的记忆中，父亲是温和乐天的。但因为他经常出去帮人，家里的大事小事就全落在了母亲的头上。这让母亲抓住了“把柄”，说他吃粮不管家事。于是，父亲回家的日子，往往就是他挨骂的日子。有意思的是，不管母亲骂得如何凶，父亲总是面带微笑，从不顶撞，从不动怒，有时倒反而把母亲也逗乐了。

我八岁那年秋天，母亲和父亲在家里的火塘边大吵一架，那天父亲声音很大，母亲却保持沉默。我长那么大第一次见到父亲发火，没想到竟那么吓人。他先是对着母亲一顿大叫，接着又把哥哥姐姐全部臭骂一顿。我被吓得躲到墙角，似懂非懂地听出来，母亲生病好长时间了，为了省下看病的钱，她一直瞒着家里人，连大哥也不知道，待父亲发觉时，母亲已经到了不治之期。

不出几月，母亲便撇下我们而去。我守在灵柩前哭了几天，待母亲下葬，便依旧背着书包去上学。没了母亲，父亲很少出门。没人骂他了，他的笑脸也见不到了。时间一长，我便发现他抽烟时总在走神，有时姐姐喊他吃饭他没听见，有时旱烟全烧成了灰也没见他吸一口。他头靠墙壁，眼睛半闭，眼角和嘴巴不停地抖动。每逢此时，家里便鸦雀无声，无人敢言语。我望望父亲，又看看哥哥姐姐，心里充满疑问：父亲是在哭吗？大人也会哭？哭又怎么没有眼泪？

那年我上了三年级，父亲似乎很高兴。我趁机便把橱柜上面的酒瓶抱下来，问他为啥不喝酒了。那酒瓶，还有一个白瓷酒杯，妈妈在时总是边骂边倒满一杯放在饭桌上。那天，父亲从我手里接过去，脸上便又抽动起来，手也抖，手心沾满瓶子上的灰。恰好哥姐都不在家，便见父亲老泪纵横，哭出了声音。我也扑到他怀里，跟着哭了，父亲用大手不停地拍着我的后背，嘴说“不哭不哭”，他的眼泪却不停地落到我头发里……

随着时间推移，几个哥哥姐姐纷纷成家立户，我也离家读书、工作了。父亲年岁渐长，身体却一直不错。想着家里已经度过最艰难的日子，做儿子的就一直忙着自己的事。直到他去世一年前，与一个同龄人说起老人，说到老人的孤独寂寞，我掰掰指头算算，才猛然一惊，母亲已走了将近三十年。这三十年，爱自在的父亲只有少数日子是和儿女一起度过的，其他的无数个白天黑夜，他又是怎么熬过来的呢？

那年，父亲生前最后一次被我接来家里。曾见妻子开玩笑，问父亲想母亲不，父亲笑笑：“想她咋整？都快忘记喽……其实你妈人挺好，只是嘴巴啰嗦点。唉，她不该有病不说，也怪我太大意，不然，也许她也能活到今天，看到小儿媳妇和孙子了。”看上去，在长大的儿女面前，父亲的创伤是好多了。但又谁知道，老人那点洒脱是多次独自流泪或欲哭无泪换来的呢？

◎ “不要命”

第一次跟着当时的女友后来的妻子回家时我才大三。走进家门，心虚的她急忙溜进了里间，留下我独自立在客厅。不知所措之际，我看见沙发上坐着个老人，一声“爸爸”竟脱口而出，把自己都惊出一身冷汗。岳父似答非答地哼了一下，抬手示意我坐下，我于是以为他并不像传说中那么古板严厉。

接着吃晚饭，他抬出个超大号酒瓶问我：“一起喝点？”

“不喝了！”我说。

“不会？还是装作不会？”说着，他就倒了半杯酒放在我面前：“年轻人嘛，酒还是可以喝点的。倒是你穿这条裤子，不伦不类像个老喜鹊，以后不要让我见着。”岳父为什么想出个“老喜鹊”来形容我的裤子？那条黑白相间的运动裤可是我当时最好的裤子啊！女友说：“算你走运，教训你说明是认可你了！我爹是个直爽人，跟人说话从不拐弯，对你算是口中留情了。”

那时候岳父在县人大，主要工作就是下乡调研。好几次我回家，都没看见他身影。岳母无奈地跟我说：“有机会你跟他下乡看看，这个老顽固，他一下乡就十天半月，吃在农民家睡在农民家，经常把半个月工资留给人家，只带回一身尘土一脚泥，有时衣服上还沾来几个虱子。”我渐渐知道，岳父迷恋下乡是有原因的。他长工出身，十几岁就参加革命，二十世纪五十年代就当区长，后来当公社书记，当县里的局长，最后当县人大领导，直至市里要调他高升时，他拒绝了，说自己离不开那块土地。

岳父退休那年，全家人为他过了个六十大寿。酒菜都上齐了，他突然叫了一声："再整一碗麻辣洋芋来！"不知是他的哪个女儿嘀咕了一声："老土冒，只知道吃洋芋。"一下捅了马蜂窝："土？你们只会说老子土，干脆说老子是个大洋芋算了！你们咋个晓得，那些年吃不上米，不吃洋芋吃啥？噢，你们不吃算了，凭什么不让老子吃？所以说，我党强调要坚持四项基本原则，不然你们这些人，哼，会忘本。"那天岳父真的发了火，像在大会上做报告。然而一家人依然开心，因为大家都知道老人的每句话都发自内心，转而都认真听着。革命道理讲完，老人的气也消了，笑脸又出现了。

除了洋芋，岳父最爱的一种东西当然是酒了。他的酒一律是当地农民自酿的苞谷酒，酒瓶很大，里面泡着他从乡下采来的各种草药、野果。经常，我见他喝酒并不多，每顿饭一两小杯，加起来不足一公两。我心想，岳父喝一辈子酒，酒量怕是还不如我呢。有一晚，与二老单独闲坐聊天，发现岳父每隔一会就要进卧室一次。我偷偷伸头去看，原来他是有空就去抬着酒瓶呷一口。岳母对我说："看见啦？你以为他就吃饭时喝那么点是不是？每天从早到晚要喝几十回呢！他一辈子就是直爽起来不要命，喝起酒来不要命，工作起来不要命。"岳母说着，岳父也不争辩，笑眯眯的，把头低着，好像还有点害羞。

◎ 往事

跟许许多多男人一样，我有两个父亲，而且都喊“爹”。我喊父亲为“爹”是出于乡音，为了亲切，我喊岳父为“爹”是出于尊敬，视之亲爹。他们俩，父亲出生于民国十年，当了一辈子山区农民，岳父出生于民国二十一年，革命一辈子，官至县处级。一民一官，因小辈姻缘而成至友。

乱世过来的人，都是一肚子往事。我有一次开车同时送二老回乡，听他们俩在后排比拼一辈子的“最凶险”。

父亲说，我二十多岁那年，你还给人放牛吧？他妈才讨回家几个月，三个国民党兵来抓老子。六十多公里路啊，狗日的，绑着老子，不准歇脚。到了县城军营，我两只脚都长血泡了，还不准老子喘口气，说要编队列，出操。老子心想，那是个贼窝子，不能久待啊，待久了，自己难过不说，喜鹊掉进大染缸，不真不假跟他们干几桩缺德事，自己也变成乌鸦了。那天晚上，老子瞅准机会，翻了围墙就跑，一口气跑出县城坝子，才敢慢下脚步大声喘口气。紧走慢走，第二天晌午也就到家了。他妈现磨了点荞面做粑粑，我吃饱了，正想去隔壁邻居家显显，说老子逃回来了，就听见村头狗叫的慌，不对头。老子提了把斧头就往对面山跑，钻进老林回头看，几个黄皮狗已站在我家桃树下张望啦，大概已经把我家里外都搜过了。为了不让他们赖着生祸害，我干脆站在老林里就开骂了：操你祖宗，爷爷在这点，有逼本事就来拿。哈哈，几个黄皮磨蹭一会，走了。老子在外面闲游浪荡了几天，看风平浪静了才回家。

岳父听完有些得意，老倌你运气不好，当了几天兵还是国民党。我一参加革命，就是党的队伍，边纵游击队。别的不跟你讲，讲刚解放那年吧。老子一个人进山追土匪，那是个小头目呢，曾经带人围攻过区政府，半夜三更，老子拉开门就是一枪，打伤了一个，才全部吓跑。狗日的顽固得很，在老林里跟老子躲猫猫，三天啊，我身上只有几个小麦粑粑，困了只敢靠着石头打个盹。哈哈，第三天，狗日熬不住了，往山下走，刚好被老子守到了，老子朝天一枪，吓得狗日的喊爹喊妈趴在地上，给老子叩头求饶。老子丢了根绳子叫他自己绑，说不听话就一枪崩了他。那个杂种，软骨头，路上乖得很，到了山下村子，整整一脸盆苞谷饭都被我两个抢着干光了。他因为没有人命沾手，劳改些年就放了，前几年才死掉呢。

二老在后面神侃，我在前面听得开心。没料到，父亲没过几月就走了。过了些年，岳父又走了。我参加完岳父的葬礼，躲在书房一个人捶胸顿足，后悔尽孝不够，后悔没在他们过世前掏尽他俩的往事。我当即搜罗他们讲过的点滴，一口气写了一个中篇小说，里面缩小了他俩的年龄差，说父亲是国民党逃兵，而岳父就是抓逃兵的人，两人联手干掉了坏透顶的国民党排长，父亲娶了母亲，还在山里当农民，岳父投奔了“边纵”。解放后，岳父追踪一个悍匪到了老黑山，兄弟俩再次联手，干掉了悍匪……这一“篡改”，我倒是集中表达了对三位已逝老人的怀念，但却有点对不住岳父，因为让他年龄变大了，还背了参加过国民党的“黑锅”。

◎ 伤痛

从小，我就是个要强的人。儿时“躲猫猫”，找不到被找的人我就守在原地不回家，直到人家熬不住主动投降；从小学到大学，我不但要求自己成绩前茅，还积极争取当班委；到了工作后我也是当仁不让，凡事不愿落后，还要求自己一年比一年进步……不服输的劲头，也许给我带来了奋斗的快乐，但也曾无数次让我吃尽苦头。原因是，中国最不缺的就是人，你能干不一定受到重用，你勤奋不一定得到回报。失望之痛，失落之伤，一定年龄就一次又一次如臭水侵蚀我。

人到中年，虽然没什么大病，但身体也在逐渐显示“人不是铁打的”这一真理，开始这里不疼那里疼。对自己，我最后悔的一件事就是年轻时仗着身体好，瞎忙活，很多时候不按时吃饭，吃起来又总是狼吞虎咽、暴饮暴食，以致把胃搞坏了，落下个治不好的老胃病。病在身上，才发现什么是无可奈何，才发现以前经历过的所有不愉快、不顺心、不公平都是过眼云烟，一个人如果身体不好，拥有权势和财富再多也是白搭。

然而，岁数再长，比起亲人的生离死别，自己病痛似乎又算不上什么了。

我是很早就失去母亲的苦命人，那时如果再小些，我可能还不懂事不会痛，如果再大些，我又可能有了一定的承受能力。偏偏，在那个不大不小的年纪，我亲历了母亲的死亡，内心的伤痛隔了几十年还如昨天的伤口，触碰不得。接着二十八年，接近一个世纪的三分之一，够漫长吧？可还不是说过就过了。那年，父亲稍不留神就病了，猝不及防就走了。尽管走之前，父亲神志清醒，还笑着安慰我们："你们要高高兴兴的，我八十多岁了，是该去见你妈的时候了。"等到他真的闭上眼睛，我内心的剧痛又来了，天啊，我成没妈没爹的人了，大厦已倾，我的身心将往何处去？又过了些年，岳父"腰疼"被送进医院，各种检查做了一番，就差胃镜不敢做，怕他受不了。是经验老到的医生悄悄告诉我："胃癌，准备后事吧……"有好酒不开、有好烟不抽，非得等我上门他才拿出来的岳父几天后就走了，妻子哭，我的心里何尝不在流血？

此生与我最亲近的四个老人走了三，突然发现我也是即将奔五十"知天命"的人了，一个很早就读过却不以为然的故事重回脑海。大概说，曾有对人世心怀不满者，千辛万苦到深山老庙找方丈大师倾诉其愤愤不平，方丈耐心听完，劝其放下。倾诉者想不通，大叫放不下。方丈无语，找了个杯子让他握着，自己提着开水壶就往里面注水。倾诉者一开始还挺着，顷刻后便被烫得撒手，杯子摔得粉碎。"痛了，就放下了！"方丈最后说。

是的，痛了，就放下了。放下好胜心，不争就不败；放下名利心，无欲则刚；放下筷子少吃点，胃就不会那么疼；放下曾经有但无法改变的伤痛，每天的阳光就会显得更明媚；放下所有痛苦，剩下的就全部是幸福。

◎ 桑枝

那夜的月光来之不易。那夜，我和她第三次约会。

我是从两百公里之外坐班车赶去的，找个地方洗了把脸，就跑到田野去等。

日子是写信约的，小城郊区的河口也是信中约的，还约好“天黑”。傍晚不算天黑，我就坐在河口的小桥上，静静看夕阳一束一束收它的光，静静听我的心在等待中一下一下地跳。

一场雨又大又猛，连躲都来不及。雨停天也黑了，我全身湿透，心也凉：该死的雨。

她走到我身旁，轻无声息。已经看不清她的脸，看得清其实也不敢看。她甩甩头发，有水滴飞到我脸上。雨真该死，怎么把她也淋湿了！

下雨，以为你不会来了。我说。

早出门了，被小妹盯梢，给她买了糖才骗回去，把我的伞也拿走了。她说。

你傻啊，走不开就别来啊。我说。

我不来你去哪里呢？她说。其实她若不来，我也不知道那夜和后来我们将归何处。

阵雨过后，月亮竟然又出来了。春天栽下的秧，已长得很整齐。初夏的小河泛着暗暗的光辉，隐秘的水声，好像我们的呼吸。河梗不宽，我们隔着一两尺，她在前我在后。想说很多话，我们就轮流说。她说的时候，我就弯下腰，用我的左撇子扯片草叶，放进嘴里嚼。

她说，有一次看着你的信就睡着了，醒来，见信被我妈叠整齐，放进了信封……

那她，知道了？我的心提到了嗓子眼。

嗯，你怕？她问我。

其实那时我们都是“怕”的，那年我们才十九岁啊。只觉得喜欢一个人就思念了，只觉得思念了就是恋爱了，只觉得恋爱了就必须约会，只觉得约会是自己的，不能让任何人知道，尤其是那个没有见过、我却憧憬着将来甜甜地喊声“妈”的人……

小路在脚下分成了两条，一条光溜溜看得见，另一条两旁长满桑树，她选择了后一条。我走了几步，才发现看上去更幽静的、有桑树摇曳、有蟋蟀唱歌的田埂更泥泞。

正想提醒的时候，她摔倒了。人从桑树缝隙间滑下田埂，站到了秧田里。我一急，纵身便跳了下去。

水声哗啦，她往后退了一步，似乎手足无措。

我也手足无措了，我伸手想拉她，又缩了回来。

我们沉默了几秒钟，那一步我没跨出，我不敢。我拉了一根粗壮的桑枝递到她面前，她双手握住，慢慢地，把自己拽回了田埂。我随即也上去了。她在田埂上跺脚，边跺边笑，笑得蹲了下去。

她说，小妹刚才就威胁我，说她知道我要约会，要告状呢，现在好了，不用她告了……

听完她的话，我也笑了，似乎不怕了。

送她的路上，谁家屋子里传来一支贝多芬的曲子，像时间一样漫过身旁，像月亮一样穿过白云，朝高出远处去。

◎ 回家

我是在山里成活的。儿时瘦且小，双亲想不到我能活，我活下来也没想到自己能够长大，找路，出山，寻我的公主。

家很偏僻，从城里去要做好长时间的班车，还得走十多里山路，其实就是完整地爬座山。山脚有条公路，下了车坐船过条河，山顶即家。之前回家都是一个人独行，爬喘了，还要大声唱歌，反正唱多难听都没人听见。

1988年夏天那次不同，因为有你。

那天特别热，下了车要过河的时候，你就不停地流汗了。坐船过河，水急船晃，我让你蹲下，我还说别看河水，看水头晕，看我。我双足分开，站在你身边，好让你在晃动厉害的时候抬手就能扶到我。其实，我说的话，我做的动作，都是爹第一次带我坐船时说过做过的。那年二十已过，我突然觉得自己长大了，成了父亲那样顶天立地的人。

你说，这路好险，做梦都没见过呢。边说边咬着下唇，抢在前面。其实你知道那天我是故意走得很慢，你不说出来。

山路难走，可我们无法改变，必须走那段山路才能到家。你不时扬扬手中的黄帕子，我接过来揩把汗，还给你。天纯蓝，有几丝白云在山顶处，像谁故意挂上去的。

风慢慢凉了下来。半山腰的风，一吹就全身松散。你说，好舒服，坐会行吗？我随手折了根松枝，为你铺座。我没坐，上下左右摘野花，一朵山百合，一朵猪头花，剩下全是灯笼草，直到一只手捏不下。

我的心事，你是不晓得的。童年满山跑，无数次看见并蒂的山茶，便想象一朵是我，一朵是那个人，我的公主。那天不是山茶花开的季节，那段路也没有山茶树，我是将那把野花当成两朵山茶啦，你是百合，我是猪头花，灯笼草围绕着，我们无处可逃。我的公主，我一生只想有一个公主，我一生只献一次花。

又走。你开始任性，不走正路，乱跑。一只老鹰突然盘旋而过，你被吓了一下，摔倒。我上前拉你，拉住就不愿松手。

好大一块豌豆地横在眼前，开白花，挂豆角。我说，自家的地，爹种的豆。我还说，小时候，还没有锄头把高的时候，我就挖过这块地。

你一跃便扑倒地里摘豆角去了。

我站在路边，目光追随你单纯的动作。绿地尽头，树干明朗的棕榈树和只见绿叶和果子的梨树深处，传来爹洪亮的声音。仿佛如期而来的、归家的欢乐。

我突然觉得饿了。小时候回家，见到妈我就会饿，后来妈没了，爹就笨手笨脚煮给我吃。我知道家里的炉火上煮着腊肉，因为黄昏的炊烟里有肉香。

我想告诉你，到家了，相依而身心有所归的日子就在眼前。

我想告诉爹，小儿子回来了，还给他带回来一个漂亮的女儿。

我想告诉世界，我有爹，有家，有爱人，将来我还会有孩子，此生我再也不缺什么了。

◎ 纪念照

有些数字是不能忘记的，不然会让回忆的滋味大打折扣。二十世纪九十年代初结婚那年，我们总的只有几千块钱，其中包含自己的全部存款，还有借款。这些钱对付了新房布置、简单的家具、物品购买，电器只有一样，是托人才在厂里买到的“21寸直角平面”，花了整整二千八百大洋，堪称家庭财产中的“巨无霸”。

就那样要结婚了，请了个有照相机的朋友来家为我们拍纪念照。朋友进门，端着相机东望望西瞅瞅，最终慧眼识珠，在电视机前立定：“两位，来，左右各一人，扶着你家的大彩电整一张！”那张照片，我穿着一件红毛衣，剪子口，里面还扎了一条领带；妻子的着装似乎更是隆重，最好的一套衣服，最好的一双鞋子。伴随屏幕里琼瑶剧的画面，两个人扶着彩电，定格了幸福的表情。

那时的工资，两人加起来也就四百多元。为了充实空空如也的家，我们省吃俭用，每天的伙食费都要控制。这样不到一年，我们还清了欠债。又过了半年，手里竟然又有点钱了，赶紧托人去帮助订购洗衣机。一个多月后，朋友通知带钱提货，一台紧俏的“小鸭”滚筒洗衣机，连三轮车运费，花得我俩只剩二三十元在手里。

“小鸭”回家后，两个人觉得它是千辛万苦才添置的，不趁着崭新的时候扶着它照张相不甘心。我便厚着脸皮，又去找那个朋友借相机，围绕小鸭，在家里东拍西拍，照了整整一卷“柯达”。

大概又过了一年多吧，价值两千多的“中意”冰箱进门了。相比洗衣机，它来得更不容易，两人不但一如既往节衣缩食，还做了几十趟公交车，跑遍了市内所有的大商场。选了“中意”，首先喜欢名字，其次是冰箱门乳白色、箱体粉红色，颜色为妻子最爱。那时再也不好意思找朋友借相机了，为了“中意”，我们又负债买了台“傻瓜”相机，在我的建议下，妻子特意穿了件红色的真丝夹克“出镜”。洗出相片来，发现色彩效果很棒，冰箱很显眼，冰箱前面的妻子更娇艳。

我们专门扶着照相的最后一样电器大概是套组合音响，那时候结婚已经好几年。因为痴迷音乐，买音响是最舍得的，花了好几千，外国产，黑色，功放、CD、卡座等叠加成柔和的弧形，音箱也是弧形的，音乐响起时主机闪动蓝色曲线……所以它一回家，我们就冷落彩电、冰箱、洗衣机诸位了，天黑就关了客厅灯，两个人黑暗中注视蓝光，一遍又一遍听两盘高价买来的正版CD，一个礼拜后才想起来，也该扶着它照张相啊。

回想起来，穷的确有它的好处，起码，靠自己攒下的每一样东西都能给你带来天大的幸福。时代的前进步伐超乎每个人想象，若干年后我们留影过的那些家电都淘汰了，升级换代了，我们还拥有了结婚时想都没想过的东西：手机、电脑、健身器、汽车、商品房……东西多了，买到每样东西的激动心情没有了，扶着照相的时间或兴趣更是没有了，充分说明，物资的富足，的确不是决定幸福指数的主要指标。

◎ 周末

“星期天没有别的事情，就只想躲进图书馆，静静地，写一封论文一样长梦话一样狂的信，然后慢慢走到邮局，挂号寄出去。”诗里写的，当然不是现在而是恋爱时。当二十几年的时光翩然而逝，我想补充的是；那才配叫，思念。

男人是何物？套用一句很时髦的话，男人这东东，矛盾着呢。就说应酬吧，男人倘若一点应酬没有，似乎就会失去社会价值 。可应酬多了，灯红酒烈，伤精耗神，妻子生怨，家里家外都不免温柔一刀。

那些年，生计所迫，我曾有过很多这样的夜晚：餐馆，酒吧，烧烤摊，当完“三陪”已是深夜，空落落一个人开车回家，轻飘飘启门而入。先进儿子房间，拉拉被子，理理小手；再摸到自己的房间，蹑手蹑脚睡下，总是两种情况一个结果：妻熟睡了，或妻醒着并帮我摘下眼镜，她倒是很少生气，结果呢？我总不安，无奈着不安然后睡去，醒来时妻上班了，儿上学了，他们不忍叫醒我……

应酬有很多种，客户、上司、同事、同学、老师，求人、被求、回敬、感恩、聚会，有时候喝酒，有时候不喝酒，有时候喝多，有时候清醒但无聊。只有家，心的另一端，自始至终只有一个。妻就是当年的收信人，八年恋爱二十余年婚姻三十余载同甘共苦，彼此都是“抱紧一棵小树无视广阔的森林”。三个人，三角形，儿子在上，男人在左，最后才是妻子。温柔的妻子，当年她美在光彩照人，如今她美在胸怀无边，无边的宽容，无边的理解，无边的无怨无悔，无边的爱如潮水，席卷老公，滋润儿子。

因为要工作，因为要做人，对于应酬，只好说“人在江湖飘，哪能不挨刀”。挨刀自然不爽啊，且不细说。但就像恋爱时少不了思念，过日子必须享受亲情，所以事业再重要，应酬再多，不管年轻时还是现在，我的周末都“没有别的事情”，而是周五晚上与妻儿东拉西扯，磨磨蹭蹭，周六早睡个懒觉，起床带上老婆儿子，我们哪里累了哪里歇，哪里饿了哪里吃，哪里困了哪里睡……

好多年，我沉浸在这样的方式中不愿自拔。在周末的行进中，儿子不知不觉长大了，妻子的长发随风飘扬，渐渐地冒出了白丝。我呢，车胎破了时学会更换，遇到事情出头摆平，一副顶天立地、价值连城的样子，多么像妻的主心骨、儿的榜样啊。什么时候，世界越来越先进，人心越来越复杂，而我周末的生活越来越简单，甚至慢慢的连手机都不会响了。

周一至周五，上班的日子，干活的日子，挣薪水的日子，我永远是一个不愿偷懒的人，在年终总结里我把这称为“脚踏实地，勤奋工作”。但我更热爱的显然是周末，周末的蓝天白云，周末的相依为命，周末的琐碎空灵，周末的刻骨铭心，这一切平淡而真实、平凡而伟大地提醒我：周末没有别的事情，周末不能有别的事情。

◎ 日出日落

我自诩是个努力的人，一个平凡认真的劳动者。在连年的奔波劳作中，我特别渴望休整，渴望身体的静息，渴望心灵的净化，渴望想象长着翅膀，在完全属于自己的空间飞。上大学时，我写过这样的诗句：

老家就要迎接雨季
雨水就要落在我几米外的地方
想到我虚度这多年
还有亲人 还有亲人替我守护着老家
家的定义也就明朗了起来

也许，此生苛求住房的念头就是从那一刻开始的，那时我快离开校园却不知身将何处，那时我怀揣一个女孩的照片，凝视照片上做背景的老家那栋硬朗的瓦房，在自豪的同时逐渐意识到那是父亲的而不是我的家。

何处后来成了上学的省城。城里的屋檐，显然没有老家的宽大，城里的雨，往往直接击打玻璃窗而落不到“几米外”。我曾在东郊顶楼的集体宿舍用脸盆接漏雨，我曾在北站的防盗笼中听风中的锈钢窗呜咽，我曾在小西门的群楼底层任雨水淹没床脚、听群蚊彻夜唱歌……风雨总是那么近，或搜刮脸庞，或遮蔽阳光，或霉了心情，总之让人不舒服、不安宁。

那年那月，我终于住进了市区的三室两厅。房子不是天上掉下的馅饼，更不是福利分房明媚的阳光。从那年那月更早的几个月开始，我的生活与商品房，按揭之类的时髦字眼联系了起来。怀里藏的，不再是女孩的照片，而是一本银行的活期存折，每个月都要准时去摸摸，每张“老人头”都要精打细算地去攒。还款！处心积虑的还款如同吃饭睡觉，结束按揭成为此生最大目标。

大半辈子心血凝聚的房啊，多么来之不易的家啊，总是逢人就夸它的好处。清晨，东边的太阳要蹦出来前天边就红了，我的卧室窗也就红了，即使没睡够也得起床了，该干什么干什么去；傍晚，下班不久就可以到家，妻洗菜洗得水花飞溅，我炒菜吵得油烟弥漫。吃完饭的时候，透过无遮拦的西窗可看得见西山“睡美人”，夕阳越过睡美人刚好射在餐桌上，照见儿子漏嘴的每一粒米饭。“城里看见睡美人的房子能有几套？”我常用这句话鼓励妻子，令她将小区糟糕的外环境忽略，转而像看好儿子一样看好我们的家——准确地说是看好我们借银行钱买的商品房。

日子就那样一年一年过来了。住在市区，蜷在人头攒动车来车往的城市一隅，因为内心的欲望渐小，便也不觉得有多嘈杂。偶尔听小区物管说房子升值厉害，我不以为然——升值就升值呗，莫非我能卖了房子，携妻儿住到天上去？

◎ 公寓

2005年年，西郊一个叫戛纳小镇的楼盘开卖，有个大学同学打电话约我去买房。我一听，我又没钱，立交桥旁的房子买来干嘛？便没去。五年后，儿子争气地考上了位于西郊的一所著名高中，离家七八公里，必须到学校旁边去租房住。

我在学校两旁的几个小区转了几天。那些房子，毫无例外的因为紧挨名校而早“洛阳纸贵”了，再加上要找个停车位置比登天还难，我只好放弃。后来，在离学校大约一公里的地方，我抬头就看见了“戛纳小镇”，那是个半开放式的商住小区，房子淡黄色，看上去还偏新，停车问问，里面有面积大小不等的房子出租，跟中介看了一套一室一厅50平方米的房子，见是个厨房卫生间齐备的单身公寓，决心下得很快，一次花了五万多，租了三年。

购置了简单的家具，把里间让给儿子作为书房兼卧室，外间靠窗摆放一张小双人床，旁边一张餐桌，中间用布帘隔开，一个简单的家就成了。房子小，靠大路，问题是难免的。晚上车声很响，总怕儿子睡不好觉；路边灰尘很大，妻子每天都要花不少时间去收拾……毕竟是单身公寓，最大的问题当然是挤。就说餐桌旁吧，三个人都在的时候，只能坐下，要都站着或来回走动，就有点让不开了。怎么办呢？这刚好给晚上睡眠不太好的我找了借口。每天早上六点多，妻子起床给儿子备早点，我就赖在床上不动。起初，妻子在厨房弄出的水声，儿子坐在餐桌喝牛奶的声音，我统统听得一清二楚。有的时候，儿子在出门前还不忘骚扰我一下，隔着布帘伸一只手挠我痒痒。后来，我竟然完全习惯了，儿子吃早点、背书包出门的节奏越来越快，他俩的活动我竟能充耳不闻，照样呼呼大睡。

一天，在小区散步时遇上一人，竟是当年约我买房的大学同学。说起来，才知道他的儿子是我儿子的高中同班。他抬手指示当年买的房子给我看，原来就在我租房的楼上两层，户型一模一样。不由得佩服他当年的深谋远虑：十三四万买一套公寓，每年租金一万多稳稳收着，儿子高中三年的房租不用再出了，房价也涨了三倍多，怎么算都划算。

当然，我要后悔没跟着他买也晚了，好几万租金早付出去了，就权当那也是我自己的房子吧。三年时间，白天儿子不用骑车不用坐车，稳稳当当走路上学，不知省了多少奔波，老天不论艳阳高照还是刮风下雨，我们都不用去担心路上安全；到了晚上，儿子坐进书房我们就摸到他的校园里去散步……最开心的是，儿子的高考考场竟然被安排在本校，我们于是省去了千万家长高考日去考点抢宾馆房间之苦，戛纳小镇真是物尽其用啊。

儿子离开家上大学后，我有一天发现他在一篇作文里写过："我独自攀上昆明高新区某栋楼十二层的楼顶，站在护栏前，与立交桥和车流同享夜色。二环的灯，梳子般整列而随路延伸，星星似地微微闪动橙色光点……"这不是写的戛纳小镇么？也许，对陪伴他度过了人生一段特殊日子的单身公寓，儿子的感情要比我们还深吧？

◎ 寂静

我夜晚的家历来安静，它占据城市某个角落某个小区某栋某层楼几十平方米的水泥格子，充其量也就是城市里一粒尘埃的内部。早先，两个来自别处的人，一盏灯；几年后，一个新的生命悄然出世，天生不喜欢哭闹；再后来，书房在着儿子，做作业，客厅在着两人，读杂志看小说，电视偶尔打开，也没有什么音量。

这样的日子，不知是生活的本来还是与世隔绝的单调？只记得，在这个城市，我们住过几套房子。每搬一处，不论大小，不论是自己的还是租的，不管外环境是喧嚣还是冷清，我们的家都是这个样子，东西从不乱放，各得其所，就像里面的人，各理其事。这个样子，我当然知道它来自两个人吵架不多。首先是心甘情愿凑成个家，除了对方，这个城市再无亲人，要吵架，吵完连出走都没方向，不如不吵；其次是各自上班，奔波已累，天天买菜煮饭，还要打扫卫生，没时间、没精力挑拣对方的肥瘦。两个人的这种状态，某种程度上安静了书房里那个孩子，他不淘气，他知道努力，即使进入青春期也不朝着我们大喊大叫。

"我渴望着，在亲人厮守的地方，任灵魂安静成长。"很年轻的时候，我写过这样一句诗。那是我憧憬着的、活在滚滚红尘中的最大愿望，说直白点无非就是有个家，带着微笑送走长辈，带着善良携妻育儿。这个愿望，应该说已经基本实现。所以我认为我很幸运而对世界常怀感恩的心，同时也沉醉了，投入了，满足了。家就是家，三个人不需要钩心斗角、尔虞我诈，也不适合慷慨激昂、热血澎湃，一切平淡，就是美好。

就这样，我以为自己彻底适应安静了，其实不然。记得那年把儿子送进大学，回家，就发现家里不只是安静，而是难以忍受的寂静了……原来，过去的“安静”只是表面的，不管怎么说，一个幼小、后来年轻的生命在眼皮底下成长，他的微笑、他的呼吸、他日复一日浑然不觉的变化，就好比夏天每一场大雨之后的池塘，一直都是轰轰烈烈暗自热闹，所以才会让你不艳羡窗外的花花绿绿、不痴迷俗世的虚名浮利。

而今，蝌蚪变成青蛙，跳开了。秋天，书房门大开，里面黑着灯没有人，“池塘边的两棵榕树”过了几天不适应的寂静日子。那日，中秋节，窗外细雨绵绵，如约而至的凉意霸道地驱赶着夏天，我和妻子坐着，对视，微笑里似乎都有了不约而同的苍凉……就在那一刻，电话响了，一个很尊敬的老领导回过来，说他白天与老伴出去玩，没带电话，回家才看见有我的未接。我记得我是一早就打的电话，为的是他退休的第一个中秋送句祝福。我问他为啥不带电话，他说不想带，带了也没人打。我说：“这样好啊，你老两口可以过宽松晚年了!”嘴上说着，心里不禁万千感慨：老领导退休前官不小，为人好，很多时候前呼后拥，怎么眨眼之间……

不由和身旁的妻子会心一笑，人之必老，寂静乃回归本来啊。这世间，世人本是萍水相逢，人走茶凉，靠不住，不必靠；就是养了个独儿子，也希望他利利索索走他的路，而不是窝窝囊囊守着你“啃”。既如此，必然到来的寂静不就是真正意义上的安静，不就是铅华洗尽的人生么?

◎ 蠢事

有个朋友，当爹比我晚得多，可刚生下孩子，两口子就辞了职，变卖省城的家当，带着孩子去遥远的滇西北生活去了，说要去养一个真正意义上的纯洁女儿，决不让她在城市吸灰尘受污染。

没想到他有先见之明。我们的城市，在他走时还好，前几年突然像发了疯，所有的城中村甚至非“村”的老房子一齐拆建，一时间人人被灰尘呛得咳嗽，上下班都戴上了口罩。我上高二的儿子，那年突然喊鼻子不通，头昏无力，到医院检查，鼻炎导致鼻塞，要做手术。

我犹豫了，高中节骨眼上进医院，不是要直接影响高考么？晚上没事去散步，见到一家装修豪华的中医馆，治疗范围有胃病肝病糖尿病鼻炎，很多。我心头一热，回头便喊上儿子去面诊。女医生看后告诉我们，儿子的鼻中隔有点偏，一边鼻腔的什么肉有点肥厚，需要如此这般，三个月包好。

我当然是大喜过望，儿子免了手术之苦又不浪费时间，多好。毫不犹豫，掏钱，买药。回到家，妻子提出质疑，我回想女医生的真诚自信神色，要她别管。从第二天开始，儿子开始了他长达数月的“药疗”。每次，将酒精、盐水、各种药水、注射器、棉签、棉球一样一样排开，摆满整整一桌子，然后酒精消毒，盐水冲洗，棉球棉签一次抹上各种药水塞入鼻腔，每样十分钟……毋庸置疑，目睹儿子搞几次后，我就知道那长达一小时的过程有多烦琐，儿子每次都要被药水呛得眼泪直流，最后再喝下苦涩无比的中药汤。

一天至少两次，不得间断。按照医生的要求，儿子不得不调整作息时间：中午回家不能午睡了，吃完饭就得赶紧摆“药摊”；晚上作业到十点，治疗时间又到了，走完程序接着作业，每晚睡觉由零点推迟到一点……有那么几次，看着忙碌的儿子和用药的痛苦，我曾动摇过。恰好这时药没有了，该去复查、买药了。儿子可怜巴巴地仰着头，女医生将一根木片伸进他鼻腔，打开手电筒去看里面：“喔，不错，效果很好，这样下去不要三个月保证好。”我在旁边听着，心里的矛盾又没有了，再次掏钱，买药。儿子提着药，在路灯下甩来甩去，口里学着医生，把“鼻中隔”念成“鼻中给”，我知道那是抗议，便没说话。

儿子有种，三个月他无言地坚持下来了，可鼻腔还是难受，头还是晕。我像是个被人忽悠的孩子，一个人跑去中医馆找医生理论，女医生依然和颜悦色：“不要急，你儿子症状严重，不过再加两个月疗程就没事了。”我怒目视之，她装作没看见，顾左右而言他……无奈的我，在花了几千元让儿子受了三个月罪之后，只好带着儿子又走上了大医院的手术台。

手术之后，儿子的闭塞头晕很快就没有了，他自己似乎慢慢忘了此事。倒是妻子会抠伤疤，想起那事就要笑我固执。每次，我都无言，特悔。我知道，我们生活在城市，对它的浮华和灰尘都形成了依赖，要做到朋友那样的壮举是很难了，我的问题，出在明知世界上凡事没有捷径可走而偏偏想走，鬼迷心窍，听信庸医之言，一个自以为精明的人偏偏做了最蠢的事。

◎ 法宝

在某些方面，我似乎是个狠心的父亲。就如儿子当年刚生下来，我就让他一个人居小床钻睡袋了，一是怕我翻身压到他，二是在一本书上看到，孩子跟大人睡，容易被大人呼出的二氧化碳“欺负”。所以，儿子年纪不大，床却换了几张，最早是婴儿床，接着是我专门去定做的木栏床，到他上幼儿园大班，便独自在一个房间睡了。

儿子一个人睡觉，做父母的不可能一点心不操。但要说起来，我们记得的还真不多，也就是两件东西忘不了。

第一件似乎登不了大雅之堂，但因为是儿子的外婆为他准备的，所以说说也无什么不雅。记得儿子才出生，岳母就亲手为他准备了一个痰盂，还说用外婆准备痰盂的孙子才乖。痰盂是瓷制的，传统工艺，厚实耐用，从婴儿到幼儿，直到小学低年级还用。有了它，我们每天睡觉前，都抱起已经熟睡的儿子，扶他站在床上“解决问题”。

大概是小学低年级的一个夏天吧，我决定不再帮助儿子夜尿。说来好笑，做了几年的事一下不做了，连大人都有些不习惯。开始几夜，我每睡到半夜都会醒来，摸到儿子房间去侦察。倒是儿子争气，几夜无事。几日后一个礼拜一清晨，叫儿子起床时发现被子湿了大半，以为是楼上漏水了……儿子揉揉眼睛，爬起来还怪我："你不是说不管我尿尿了吗？怎么昨晚又抬着痰盂来了？"我一想，肯定是头夜小子尿急时做梦了，梦见痰盂，所以站起来在床上就"方便"，尿湿了被子外表，钻到里面去继续呼呼大睡……说也奇怪，那次"尽情"之后，儿子夜里尿急就会自己起床上卫生间了。

几乎在同时，我们还给儿子准备了另一件东西。这里干脆录他自己二年级的一篇作文《"法宝"的故事》代述：

你们知道我说的"法宝"是什么？等你看完你就明白了。

记得两年前，我快要上小学了，爸爸妈妈搬了新家，把我原来那张有栏杆的小床换成了一张大人用的单人床。搬新家的那天晚上，我别提有多高兴了，睡觉前在新床上又蹦又跳。没想到第二天早晨，我睁开眼一看，被子竟然掉到了地上，我也掉下来了，缩在被子上睡觉呢！我赶紧跑去告诉爸爸妈妈，他们都笑了，说我睡觉太不规矩。当天晚上，他们就找了两个枕头，放在床两边的床单下，让我睡在中间，还说枕头就是法宝，保我左边不碰墙、右边不掉床。从那以后，我睡觉再也没掉下来过了。

不过"法宝"也不是万能的，它经常被我踢到地上，爸妈为此笑我："儿子，你真积极，做梦还在锻炼身体。"现在你知道什么是"法宝"了吧？它好是好，可是每天都要弄上床很不方便。我希望有一天我睡觉不再用它，那时我就长大了。

也是在一本心理方面的书上看到的，跟父母睡觉少的孩子成长快，独立性强。这不，将近二十年的时间似乎是眨眼就过了，孩子的学习、生活很少让人操心，回想起来便有些得意：我的儿子，用了两件"法宝"就长大啦。

◎ 笑话

儿子上小学高年级的时候，特别爱听笑话，也爱讲笑话。所以大凡有时间的时候，一家三口就要轮流讲个笑话给大家听，并且要由带头讲笑话的人做点评。

一天，又轮到儿子带头了。他不慌不忙地给我们讲了个准备好的故事。战争时期，德国的飞机经常轰炸犹太人居住区，死人事件随时发生，好多居民为此人心惶惶，宁肯野营也不敢居住在家里，惟独有个头发花白的老爷爷不怕死，天天守着自己的家。这天早晨，犹太飞机又来轰炸了，炸弹投在老爷爷的房顶上，把房子炸得四分五裂。硝烟散尽，人们发现老爷爷没死，而是一个人坐在无遮无拦的马桶上狂笑。人们问他："房子都被炸飞了你还笑什么啊？"老爷爷依然狂笑不止："是啊，我太厉害了，我只听见自己刚才放了个屁，房子就被我炸飞了，哈哈哈哈……"

接着是妻子讲的笑话。有位水手准备出海远航，为他送行的朋友问他："你父亲是怎么死的？"水手回答："死于一次航海事故。"朋友又问："那你祖父是怎么死的呢？"水手回答："也是死在海上，一场风暴让他船毁人亡。""天啊，"水手的朋友高声大喊，"那你为什么还敢出去航海呢？"水手没有回答，而是反问朋友："那请问你父亲死在何处？"朋友回答：

“床上！”水手又问：“你祖父呢？”朋友回答：“也是在床上安然离世。”水手于是微笑总结：“亲爱的朋友，既然你祖父、父亲都死于床上，那你为什么还敢每天晚上睡在床上呢？”说完，水手就毫不犹豫地扬帆起航了。

我也讲了个故事。二毛是个专门为将军服务的小勤务兵，他什么都好，就是爱多嘴，喜欢在将军说话时插话。为此，将军十分不满，告诫他说，以后不管什么情况都不许他乱说话，否则就要枪毙他。有一天，将军府来了贵客，与将军饮酒甚欢，不知不觉二人都有些醉意，为这世间什么叶子最大的问题争论得不可开交。将军说：“说到树叶嘛，我认为最大的莫过于梧桐叶！”客人听了嗤之以鼻：“非也非也，梧桐叶那里比得过荷叶啊？”正在一旁伺候的二毛这时实在忍不住了，他双腿一并，朝二人敬了个军礼：“报告，枪毙我我也要说，我认为还是芭蕉叶最大!”

三个故事讲完了，儿子开始点评。他说：“只有我讲的是纯笑话。你两位讲的，也就马马虎虎说可以稍微笑笑，不过用意太明显，还是想拿故事来教育人。”我问他：“何以见得？”儿子振振有词：“我妈讲的，无非是教育我要努力要奋斗，我爹讲的，不就是教人要诚实，敢讲真话吗？”小子，已经不是乖乖接受“教育”的年龄啦。我微微一笑：“你讲的就不是在变相教育人么？”儿子反问：“何以见得？”我说：“你那个笑话，不是在鼓励人们即使身处逆境也要乐观自信吗？”儿子一听哈哈大笑：“还真是的，看来这些笑话全是大人编来教育小孩的啊！”

从那以后，儿子再也不跟我们讲笑话了。

◎ 顺口溜

某些年，发现儿子在闲暇时嘴里会冒出一些俗语，听来十分亲切，有的还有些幽默。仔细问他，原来是他的爷爷、外公所教。当时听了，一笑了之，若干年后回忆起来，越想越觉得意味深长。

先说做爷爷的吧。他出生于十九世纪二十年代，一生，经离了无数次战乱，受尽了挨饿受冻的苦。所以他教给孙子的第一句顺口溜便是："三九二十七，半夜抖草席。九九八十一，出门剥树皮。" 旧时，穷人怕过冬，数九寒天，年年冻死人。爷爷的这句顺口溜，念起来十分顺口，仔细琢磨起来却无比心酸，也许就是他自己年轻时的生活写照：数九寒天盖不起被子，只好裹着草席睡，草席不保暖，半夜三更人被冻得不停地发抖，是身体"抖草席"而不是用手"抖草席"；抖啊抖，好不容易熬得过了数九寒冬，春天来了，日子该好过些了吧？殊不知一个冬天，仅有的粮食早已吃光，人饿得不行了，眼见天气乍暖还寒，迫不及待赶紧出门去剥些树皮来煮水喝……这哪是一句顺口溜，简直就是希望孙子铭记他无法想象的苦难人生啊。

又说做外公的，他比爷爷小十来岁，很小就是孤儿，当长工，受尽地主老财的欺压，解放前夕参加革命，当了干部，所以他教儿子的顺口溜就是这样的："小哥弟，有志气。多甩点，成大器。"这一句，按我的理解至少有两层意思：第一，小哥弟是公公对孙子的爱称，他希望外孙像他一样，从小就树立志气，长大至少要自食其力，所谓"穷则独善其身"；第二，"甩"是方言，就是"放开吃"的意思，公公希望外孙在衣食无忧的基础上，去争取对别人、对社会做些贡献，所谓"达则兼济天下"。这显然也不是一句顺口溜，而是做公公的总结了自己一生、包含着自豪的嘱托，饱含的是"长江后浪推前浪"的期望。

有趣的是，两个老人除了上述那样的"正面教育"，也给儿子留下了一些形象有趣的"歪诗"。做爷爷的有言："春天有热气，你在放臭屁"、"不听老人言，吃亏在眼前"，等等。那些年，儿子每在我故意说些谎话骗他的时候，就总拿爷爷的"春天热气"对付我，每次说完都要哈哈大笑，似乎很开心。儿子还专门背诵过公公的一句经典："高高山上一堆柴，十个老人抬不来。"让人听了一时无法理解。见我们不解，儿子得意："不懂了吧？高高山上一堆柴说的是牛粪，公公说他小时候经常捡牛粪当柴烧。"那么为什么"十个老人捧不来"呢？对此，儿子的解释更让人捧腹："公公说山太高了，老人爬不上去了，别说十个，就是一百个也捧不回那堆牛粪啦！"

有时候想想，还真得感谢老人们这些亦庄亦谐的"隔代传"，这也许是做父母的无法给予孩子的"传家宝"啊。

◎ 紫绿黄，白红蓝

我儿，这是爹这辈子以最奇怪的方式写的一篇文章：2013年8月24日凌晨，香港红磡宾馆房间，你妈妈睡着了，爹一想到明天我们飞走，要把你独自留在这个岛上读大学，留在世界上最拥挤的人流中，爹就不争气地睡不着。爹勉强闭着眼睛，脑海里便出现很多颜色……干脆，找了两个烟壳和一支笔，躲进卫生间写。

紫色是你的脸。你出生一个月再去医院打防疫针，被医生接进去，抱出来，你的脸就紫了，显然疼过，受了冷不防的委屈而看不到我俩，吓的，气的。从那以后你每逢大哭，总要脸色发紫，直至无声“气死”，要猛掐人中才能慢慢缓过来，每次把我们俩吓个半死，到处求医无果，直到你半岁以后才渐渐好掉。

绿色是你的脑袋。你长到八个月的一天，我下班回家就忙着去抱你，没想到跟你妈“换班”时她叫了一声：“小家伙的脑袋怎么绿了？”我凑过去一看，你后脑勺整个全变绿了，吓得我丢下筷子就要抱你跑医院。你妈在后面大叫“等等”，她伸手在我穿着的绿色衣服袖子上一摸，一切真相大白。爹的衣服掉色，而下班回家路上淋了点小雨，染了你的小脑瓜，真是不好意思。

黄色是你的棉毛裤。你两岁半没人带，就进了幼儿园。那个冬天最冷的日子，中午休息我忍不住去了幼儿园，你们应该正在午睡。我看见三楼的窗子上孤零零地挂着一条熟悉的黄色棉毛裤，心里一寒……下午接到你，没等爹开口你就汇报："我爹，中午我尿床了，老师没骂我。"

白色是你弄坏的灭火器。大约三年级，我们停着车在旁边办事。事办完回头，见家里的车白雾弥漫，浓烟滚滚。想起坐在车上的你，你妈发了疯跑过去，崴断了鞋跟也没停。万幸的是你没事，你只是把绑在车里的灭火器拆开了，干粉狂喷，吓到自己也吓到了我们。

红色是你的血。你初中那年，晚饭后自己骑着自行车去学校玩。一个小时后，我们接到一个陌生女孩用你的手机打来的电话，说你晕了。我们心急火燎，在暮色苍茫的足球场一角找到了你，原来你骑车撞到了球门的铁柱上，人飞起来，伤了鼻子，流了一地的血，昏迷了，一个散步的姐姐看到，从你手机里找了号码通知我们……

蓝色是你的选择。你是爱读书的孩子，关进书房你可以一天不出声音。记得小学四年级从香港旅游回家，你说你喜欢大海，向往蓝色无边无际的地方。如今，一切如愿，蓝色的大海就在你宿舍楼之下，你打开窗，就可以听见庄严的喧响；不过你也得使劲再使劲，不然世界听不见你的心跳。

我儿，十八年就这么一瞬间，不管是爹妈还是儿子都在成长。回头看看，其实你淘气不多，添乱很少，此刻想起，做爹的因怀疑自己对你太严格而很内疚。不说啦，烟壳两面都满了，最后一句：不管甜蜜还是苦辣，成长的过程都会因为努力而美丽；无论顺利还是艰辛，人生的道路都离不开勤奋和坚强、用心和感恩。

◎ 两座山

1975年冬天，我八岁，已经会砍柴放牛，惟独还听不懂叹息。那时，我每夜睡在母亲的床头，全家人惟我知道她的呻吟。我问："妈，哪点疼？"妈说："不疼，妈累的。"累了睡一觉就会好，这我是知道的，所以我就放心睡去了。只有极少数时候，妈的呻吟实在太强烈，并且她还用脚踢我："你这个小东西，要是妈没了你给会去讨饭？"这时候我的入睡也只会推迟一会，妈逗我呢，我以为，妈一到白天还不是精精神神地该干啥干啥？妈一声叹息。

2002年底，我三十六岁，有了一把年纪当然也有了妻子儿子，可惜还是听不懂叹息。那天阳光很好，我开着车送两位父亲回县里。父亲是一辈子的农民，岳父是农民出身的干部，他们坐在后排，一路从日本鬼子说到国民党，从"文革"说到改革，从杨林肥酒说到旱烟斗，好像不会累不会困，好像世界还是他们的，与我这个非要接他们到省城住而他们都不习惯的小辈无关。只是，到分手的时候，父亲突然有些感伤："唉，亲家，你比我小点，要好生保重啊！我都八十三了，古话说四是福三是坎，难说了……"岳父拍拍父亲的肩膀，无语。我无动于衷，不知那竟是二老的最后一别。

1976年春节前夕，母亲突然去世。只记得那夜她不哼不叫，只是紧紧地抱着我，用如柴的老手拍着我。那夜我睡得好香啊，听见吵闹睁开眼睛，天早亮了，妈反常地贪睡不起，全家人涌进房间，发现她早已全身冰凉。姐嚎啕着揪住还在梦里的我，不停地责怪我没看好妈。我不敢说话，不敢去看母亲。我一口气跑上山梁犹听见家人的哭声，妈真的没了。

2003年春节刚过，当我赶到突然发病的父亲身边，他已经不吃不喝，很难言语，连输液也不让，说越医他越难受。我一辈子第一次那么长久地注视父亲，帮他洗脸洗嘴，用热毛巾给他净身，抱着他小便——也就是一天一两次而已，父亲一生洁净，不污染自己、不折磨我们就是他执意不吃不喝的用意。那样的日子能有几天？就在妻带着上小学的儿子赶去的当夜，父亲没了。儿子跪在床头，最后喊了一声“爷爷”。我猛然发现，儿子失去爷爷的年龄，正好是我失去母亲的年龄，难道这就是命？

1975年冬天，母亲一声叹息；2002年冬天，父亲一声叹息。两声警报我置若罔闻，多么不可饶恕的粗心。1976年2月，父亲的主张，母亲长眠于高大的牛角山；2003年2月，按父亲“要到鸡挠不到牛踩不着的高处”的遗言，我们把父亲送上了老尖山。事隔近三十年，时处两个世纪，我头顶上最重要的两座山先后塌了，我生命中重新耸立起两座山。

关于前“两座山”，我不知道从何说起，又说到哪里才算结束。父母一生养活六个儿女，作为小儿子我知道的最重要细节是：他们生前都是那种连看见一只蚂蚁都要绕着走的人。母亲一生满足于尽量让男人孩子吃饱穿暖，她自己却很少吃饱饭穿新衣，一生只照过一张照片，样子枯槁如冬草；父亲在母亲死后的漫长岁月凄风苦雨，远远地操纵我从母亲担心中的小乞丐到读大学娶妻生子，去世前还把小儿媳给他的零花钱大部分整整齐齐地留在贴胸的衣袋里……我说什么好呢？我一说就心如刀绞，我说半天说不完会又生遗憾。

那就再说说后两座山吧！每次回老家，我总爱从昆明出发，经曲靖、宣威绕很多路而去，这样累些，但心里舒坦。车过了宣威，不要多久就能看见牛角山，它远远地、黑乎乎地从记忆中切换到我眼前。然后过不了多久，我又看见老尖山了，云贵高原上典型的童山秃岭，只在它胸口处长一片绿，父亲已成为其中的某棵树或某块石。两座山，它们同属乌蒙山系，相距三十公里，一样的高耸入云，一样的挺拔孤独，彼此有距离而相窥相望，恰恰像生时守家的母亲和东奔西走的父亲。两座山，牛角山前面是万丈悬崖临江而下，无处可去，后面绵延数十里，背负山间万民的衣食，就像保守的母亲，她不让我上学，不想让我走到因未知而可怕的山外；老尖山，它很霸气地伸进所在的坝子，视线直通远方，也鸟瞰脚下的农人和过往的车辆，就像我敢想敢做的父亲，拼命供我上学，赶着我向他心中的高处远处去。

在很多人眼里，故乡滇东北的山都是没有文化的，牛角山、老尖山也没有，没有背景，没有寺庙，外人罕至，外力不入，历史不可考，风景不可观。也许，正是这什么也没有在消磨一切，包括我的伤痛和愧疚？大字不识的父亲和母亲，静卧于没有文化、鲜为人知的山头，老天爷岂不是在成全我独享一份无声无息的、生生不灭的仰望？

后记

常爱说一句话，我不管在哪里，都是游弋空气中的一粒尘埃。尘埃是不洁净的，因为漂浮、挣扎以及污染。因此尘埃不是好比喻，只针对我，不含别人。

但今年这个炙热的春夏，我内心是单纯的。这辈子我从不在乎依靠写作换来名利，但这些年其实都在写。在为这本书而埋头整理和补充稿子的过程中我发现，在平常平实平淡平凡平白无故但充满责任的人生旅途中，总有说不尽道不完的珍贵细节和思绪，不管你在不在意它已存在，不管现在和未来怎样，都能因此而自负地认为此生不枉。

这是否就是值得定格的事物呢？这是否就是装订一本散文集的理由？毕竟，一本书不是弄给自己看的啊。于是不管将来能有几个真正的读者，我都尽力做了一件事，那就是在语言里灌满了情绪、在情绪里布置了细节、在细节里倾注了觉悟。此外我还在筛选和篇幅上严格了自己，除了每一辑的最后一篇稍长，其余每篇都是千字文，意在值得读、不累人。还必须说明的是，六辑文章的命名借自唐诗，依次出自王维、韦应物、杜甫、司空曙、李白、李商隐之手，非我之能也。

感恩是我的习惯。我感谢天地、生活、文字、印刷，感谢一直以来关注怂恿我出书的长辈、老师、弟兄、朋友们，感谢出版社朱海涛、马滨诸君为我的字字句句、天头地脚倾注的悉心，感谢挥毫题名的书法家姚泰成先生，也感谢杨绍珊兄弟为此的奔忙，感谢未来的每一位读者。

有两位挚友，我不知能不能用感谢来表达。我的稿子，最早只简单打印了两份，一份到刘大伟先生手，一份到雷平阳先生手。大伟兄一社之长，千头万绪，见我稿而及时阅读，继而垂青，让书说出就出了。平阳兄疾风劲草于诗坛，为求宁静深居简出，竟也舍得耗时用心通改全书，欣然而序。面对与我同出滇东北的他们我还能说什么呢？再借一句古诗来改改吧：书拙乾坤大，情厚日月长。

而有些人是无法感谢的，比如与老电影《上甘岭》里英雄妹妹同名的妻子，和这世间惟一被我取名的儿子。整个夏天，妻子每晚端坐沙发，拿着稿子不知读了多少遍，有时我随便抬眼看过去，就发现她总是湿润着眼眶；儿子90后，大学自己选学理科，对语言的敏感却丝毫不输于我，但很清楚文章不能当餐桌当枕头。有时候我就想，写了这些文字，未出家门就已拥有这一两个“粉丝”，我还能有什么不知足的呢？

那就在这个真情若有若无的年代，在羊年，我48岁，把这本书，首先送给我深爱或怀念着的至亲：我的妻子儿子；我已在天国的父亲朱治金、母亲陈美芝、岳父王兴宽；和此刻就坐在我家的岳母——她已近八旬，她四十多的女儿于侧显得特别年轻，但也依稀她的模样，让我讶异，岁月与生命的流转听来神秘，一路注视来竟如此简单。

整理完书稿，我依然是粒尘埃。但同时，这注定又是个洗礼自己的春夏。因为心晴朗着，人有点云淡风轻，突然就背诵出了声音：

在不同的方向　我爱着
一个姑娘　头发剪过　穿平跟鞋
一群娃娃　玩泥巴搭积木躲猫猫
并不清楚　自己的爹其实也未长大
一片白杨树林　裸露着自己
容纳我的目光但从不企图暗示
除了这些抽象以外的事物
这个秋天我一无所有
我就这样活着　白天执着
夜深人静　灵魂还在窗外游荡
作为秋天的同一类风景
秋虫也在卖力地叫着
它不知道它拨动的是我的琴弦
它的声音像古代的落叶
一片片一层层　失落在暗夜的池塘
让我看见时间　感受活着产生的波纹

还记得这首诗的题目叫《秋歌》，还记得我写它的时候才二十余岁。此刻，诗写得好不好已无关紧要，奇怪的是还能沉醉于青春年少时的句子。这是咋回事呢？是那时已不幼稚，还是今天依然年轻？

2015年9月 昆明北，长虫山麓